기사도의 시대

Medieval Europe

AD 800 - 1500

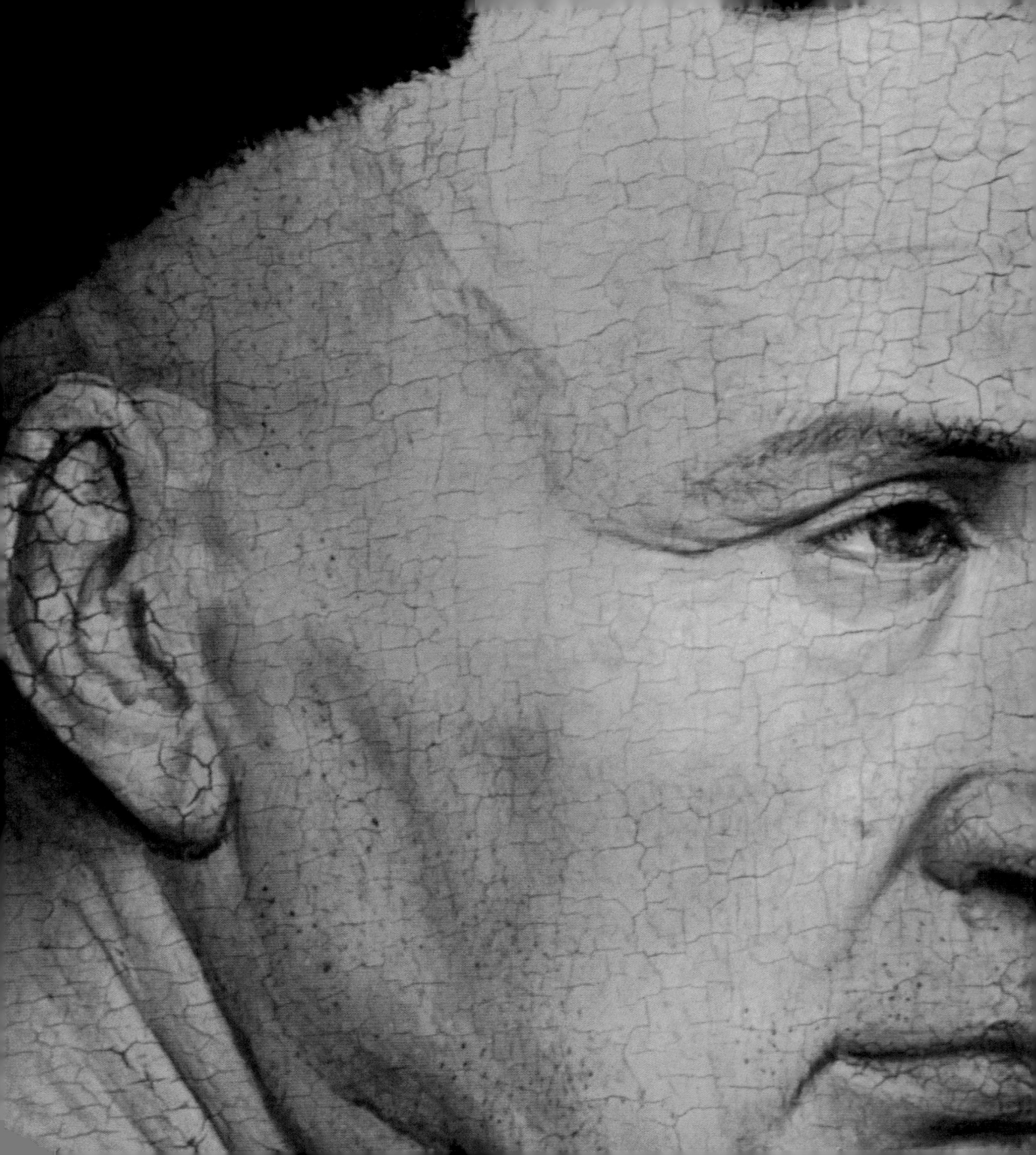

타임라이프 세계사 06 _ 중세 유럽

기사도의 시대

Medieval Europe

AD 800 - 1500

타임라이프 북스 지음 | 김옥진 옮김

차례

기사도의 시대

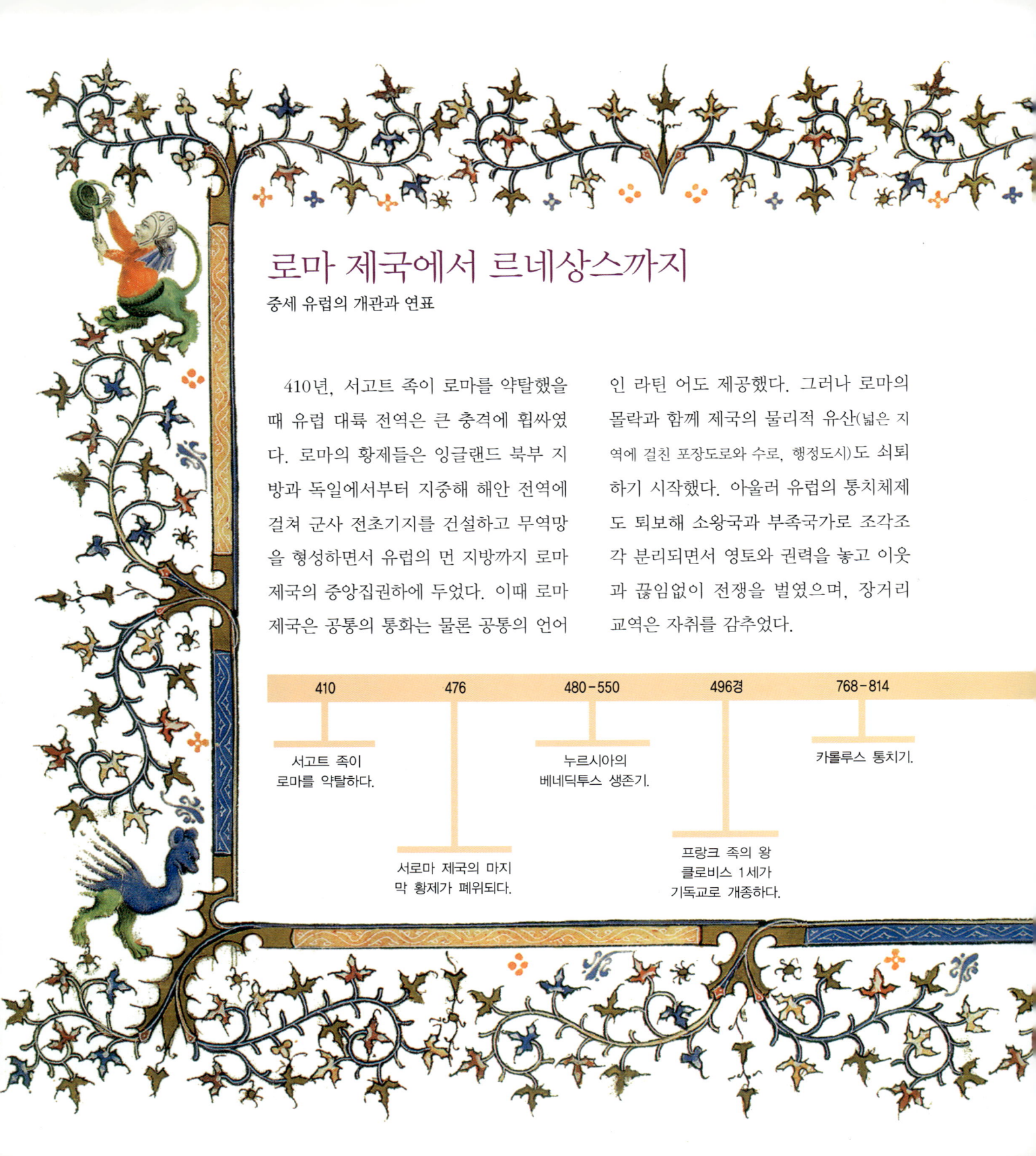

로마 제국에서 르네상스까지

중세 유럽의 개관과 연표

410년, 서고트 족이 로마를 약탈했을 때 유럽 대륙 전역은 큰 충격에 휩싸였다. 로마의 황제들은 잉글랜드 북부 지방과 독일에서부터 지중해 해안 전역에 걸쳐 군사 전초기지를 건설하고 무역망을 형성하면서 유럽의 먼 지방까지 로마 제국의 중앙집권하에 두었다. 이때 로마 제국은 공통의 통화는 물론 공통의 언어인 라틴 어도 제공했다. 그러나 로마의 몰락과 함께 제국의 물리적 유산(넓은 지역에 걸친 포장도로와 수로, 행정도시)도 쇠퇴하기 시작했다. 아울러 유럽의 통치체제도 퇴보해 소왕국과 부족국가로 조각조각 분리되면서 영토와 권력을 놓고 이웃과 끊임없이 전쟁을 벌였으며, 장거리 교역은 자취를 감추었다.

410	476	480-550	496경	768-814
서고트 족이 로마를 약탈하다.	서로마 제국의 마지막 황제가 폐위되다.	누르시아의 베네딕투스 생존기.	프랑크 족의 왕 클로비스 1세가 기독교로 개종하다.	카롤루스 통치기.

이러한 정치경제적 공백 속에서 장원에 기반을 둔 새로운 제도가 발전했다. 당시 유럽 인구의 태반은 지방영주에게 예속된 농민(또는 농노)으로서 자그마한 자급자족 공동체에서 살았다. 이들은 엄격한 의미에서 노예는 아니었지만, 주인의 땅을 경작하고 소작지에서 나온 수확물의 일부를 주인에게 바쳤다. 그 대가로 영주는 이들 농민들에게 집과 가축 등을 제공했으며, 다른 무엇보다도 중요했던 외적의 약탈과 외국의 침략으로부터 보호해주는 역할을 담당했다.

영주에게 충성을 맹세한 전사들이 군역에 대한 대가로 봉토를 하사받아 소유하고 그 수익을 누리는 경우가 많았다. 이와 같은 전사들은 곧 기사로 불려졌는데, 이들 기사들의 행동은 전시든 평상시든 흔히 '기사도'라고 알려진 상세한 윤리지침의 지배를 받았다. 그리고 그중 많은 기사들은 영주에 대한 충성의 대가와 동료 기사들과의 마상시합에서 획득한 노획물을 통해 부유하고 강력한 지주가 되기도 했다.

'암흑시대'라고도 불리는 이 초기 시대에 로마 제국이 남긴 한 가지 흔적이었던 카톨릭 교회는 정신적·정치적으로 유럽을 재통일하려 했다. 봉토를 하사받은 신하에 대한 영주의 영향력을 잘 알고 있었던 교회는 이들 귀족들에게 선교사를 보냈다. 그

793	800	909	1000경	1046

바이킹이 처음으로 잉글랜드를 침입하다.

교황 레오 3세가 로마에서 카롤루스를 황제로 즉위시키다.

클뤼니 수도원이 설립되다.

말의 편자와 목둘레에 매는 끈의 개발로 운송 및 농산물 생산력이 증대되다.

독일 왕 하인리히 3세가 3명의 교황을 폐위시키고 교황권에 대한 개혁을 시작하다.

리고 이 선교사들은 매우 성공적으로 지역의 통치자이기도 한 귀족들을 신앙의 길로 이끌었다. 그중 가장 주목할 만한 경우가 496년경 프랑크 족의 왕이었던 클로비스 1세를, 597년에는 켄트의 왕 에델버트를 개종시킨 것이다. 그리하여 에델버트 왕의 수도였던 캔터베리는 잉글랜드 교회의 영적인 중심지가 되었다.

이를 계기로 서유럽 전역에 잇달아 카톨릭 수도원이 생겨났다. 6세기 이탈리아의 수사 누르시아의 베네딕투스가 만든 수도원 규율은 그후 수도원 생활을 하는 사람들의 모범이 되었다. 베네딕투스 규율은 청빈한 가운데 오로지 공부와 기도, 노동에 전념하는 단순하지만 근면한 삶을 강조했다. 이들 수도원은 신앙의 보루였을 뿐만 아니라 배움의 중심지이기도 해서 많은 부모들이 한 명 또는 그 이상의 자식을 수사에게 맡겼는데, 그것은 실제 평생 지속되는 계약이었다.

신자의 수가 나날이 늘어가는 것에 대처하기 위해 카톨릭 교회는 거대한 관료체제(교황을 정점으로 하는)를 만들어 교회의 행정, 재정, 영적인 일들을 담당하도록 했다. 그런 다음 교회는 정치세계에도 야망으로 가득 찬 눈을 돌렸다. 그 단적인 예가 800년, 교황 레오 3세가 프랑크 족의 왕 카롤루스를 황제로 즉위시킴으로써 국정에 관한 교회의 역할을

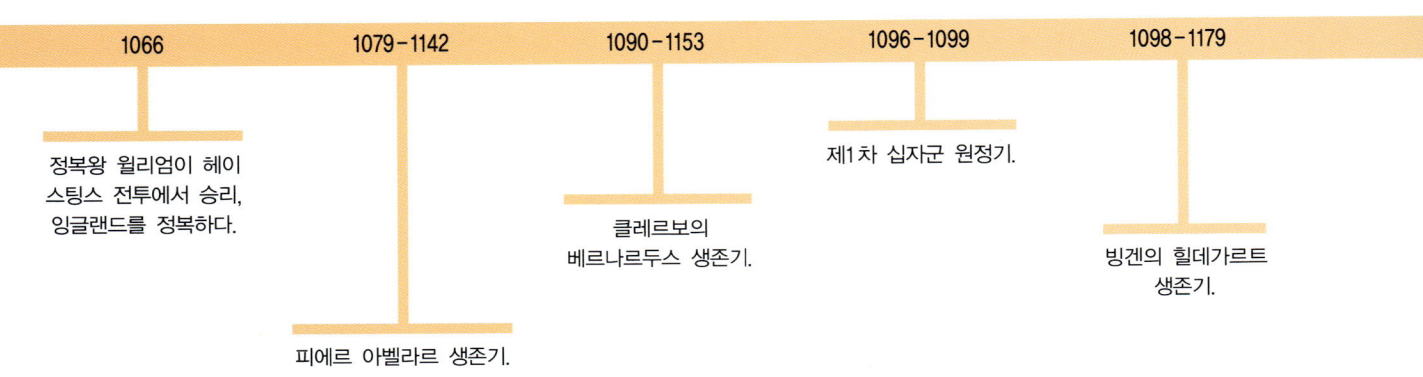

1066	1079-1142	1090-1153	1096-1099	1098-1179
정복왕 윌리엄이 헤이스팅스 전투에서 승리, 잉글랜드를 정복하다.	피에르 아벨라르 생존기.	클레르보의 베르나르두스 생존기.	제1차 십자군 원정기.	빙겐의 힐데가르트 생존기.

분명히 한 것이다.

카롤루스 치하의 서유럽 심장부는 한 명의 강력하고 효과적인 세속 통치자와 하나의 공식종교를 통해 그 어느 때보다도 단단하게 뭉쳤다. 비록 그의 사후 이 위대했던 왕의 영토는 분리되어 다시는 그가 살았던 시절의 웅대함에 결코 미치지 못했지만, 그러나 카톨릭 교회는 여전히 정치적으로 중요한 역할을 담당했으며, 때로는 카롤루스의 후계자들과 적대 관계를 유지하기도 했다.

11세기부터 13세기까지는 극적인 변화와 진보의 시기였다. 그것은 특히 농업 부문에서 이루어졌는데, 가축에 사용되는 운송장비의 개량 및 풍차의 등장과 같은 기술적 발전과 더불어 단백질이 풍부한 농작물의 경작 등이 그것이다. 이와 같은 농업 부문에서의 노동생산성 증가는 유럽 인구의 폭발적 증가와 맞물려 수많은 농민들이 도시로 이동하는 원인을 제공했으며, 그 결과 유럽의 도시들은 엄청난 팽창을 했다.

도시 성장의 핵심에는 새로운 경제계층, 즉 상인들이 있었다. 이들 상인의

1122 – 1204	1150경	1154 – 1189	1155	1160
아키텐의 엘레오노르 생존기.		잉글랜드의 헨리 2세 통치기.		랑에서 최초의 고딕 대성당 건축이 시작되다.
	파리 대학이 설립되다.		붉은수염왕 프리드리히가 황제로 즉위하다.	

대다수는 이 마을 저 마을 돌아다니며 간단한 생필품 행상을 하던 전직 농노들이었다. 그러다가 도시가 점점 커짐에 따라(생활수준이 높아짐에 따라) 이들 중 일부는 엄청난 재물을 축적해 중상류층으로 부상함으로써 새로운 지배계급을 형성했다. 이들 신흥 지배계급에게 교육은 매우 중요했다. 그리하여 처음 교사들의 비공식 집단으로부터 시작한 것이 대학으로 발전했으며, 점차 법학·의학 등과 같이 보다 구체적인 분야에서 학위를 수여하기에 이르렀다.

그러나 그 뒤 두 세기 동안에는 이러한 성장과 번영의 시대로부터 크게 후퇴하는 일이 벌어졌다. 외부 침략의 위협은 사라졌지만 유럽의 민족국가들은 서로간에 전쟁을 했다(그 결과는 비참한 경우가 많았다). 무엇보다도 자연 그 자체가 가장 파괴적인 타격을 가했다. 페스트가 발생해 마치 낫으로 벤 것처럼 유럽의 도시와 시골을 휩쓸어버렸는데, 이때 죽은 사람의 수가 수천만 명에 이르렀다.

재난이 있고 난 뒤부터 사람들은 점점 당시 사회제도에 불만을 품었다. 예를

1170	1180경	1181–1226	1189–1199	1215	1225–1274
토머스 베켓이 살해되다.		아시시의 성 프란체스코 생존기.		〈마그나 카르타〉에 서명하다.	
	유럽에 풍차가 등장하다.		사자심왕 리처드 통치기.		성 토마스 아퀴나스 생존기.

들어 교회가 세속의 일에 끊임없이 개입하자 결국 알프스 산맥의 북쪽 지역에서 반발이 일어났다. 교황의 권위가 줄어들고 교회의 부와 특권에 대한 적대감이 증가함에 따라 기독교 신앙은 점점 더 개별화의 길을 걷다가 결국 대규모 종교개혁을 불러일으켰다. 이탈리아에서 일어난 운동(자칭 '인문주의'라 부른)은 르네상스라는 위대한 문화의 꽃을 활짝 피우게 만들었다. 이들 인문주의자들은 그리스와 로마의 고전으로부터 영감을 얻고자 했으며, 그들은 그때로부터 당시까지를 다분히 경멸적인 어투로 '중간시대', 즉 중세라 불렀다.

비록 인문주의자들이 경멸적인 어투로 사용한 용어이긴 하지만 중세는 분명 역동적인 시기였다. 수많은 정치적·경제적·사회적·문화적 중요한 변화와 혁신이 두드러졌으며, 이 시기는 이후 르네상스 시대에 이룩한 엄청난 업적의 토대가 되었다. 이 책에서는 중세 사람들의 흥미진진한 이야기를 통해 중세 신앙의 깊이, 복잡하고 순수한 중세의 이상, 그 예술의 장엄함, 그리고 실제 삶이 어떠했는지를 살펴보게 될 것이다.

1265–1321	1291	1337–1453	1347–1349	1412–1431	1455–1456
단테 생존기.		백년전쟁.		잔 다르크 생존기.	
	십자군이 성지에서 쫓겨나다.		페스트 절정기.		활판인쇄술을 발명한 구텐베르크가 성경을 인쇄하다.

더블린

요크 •
웩스퍼드
링컨 •
코크 •
워터퍼드
엘턴 •
노리치 •
웰스 •
옥스퍼드 •
런던 •
캔터베리 •
헤이스팅스 •
브레스트 •
바이외 •
노르망디
아르장퇴유 •
브르타뉴
샤르트르 •
앙주
투레 •
오를레앙 •
부르주 •

영국 해협

대
서
양

산티아고데콤포스텔라 •

톨레도 •

코르도바 •
세비야 •

그라나다 •

더블린

북 해

발트해

그다인스크 •

함부르크 •

라인 강
헨트 •
안트웨르펜 •
플랑드르
아헨 • 쾰른 •
아쟁쿠르 •
크레시 •
아미앵 •
루앙 •
랭스 •
파리 •
빙겐 •
스트라스부르 •
클레르보 •

엘베 강

오데르 강

풀다 •
루페르츠베르크 •

도나우 강

아우크스부르크 •
빈 •

부르고뉴

센 강

루아르 강

아키텐

밀라노 •
베네치아 •

아비뇽 •
제노바 •
엑상프로방스 •
볼로냐 •
프라토 •
피렌체 •
피사 •
페루자 •
아시시 •
코르시카
로마 •
나폴리 •
살레르노 •

사르데냐

지 중 해

메시나 •

시칠리아

아드리아 해

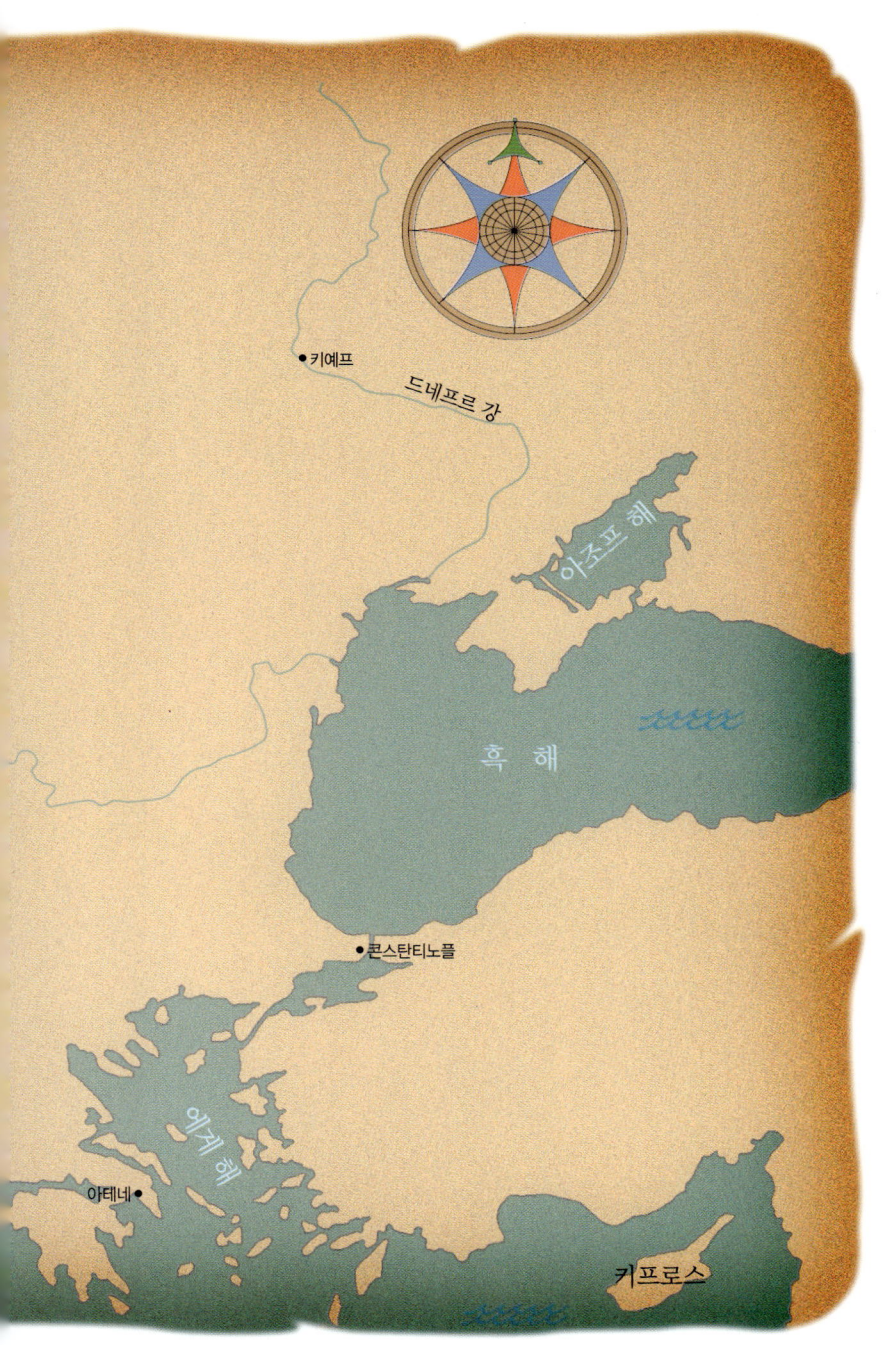

키예프

드네프르 강

아조프 해

흑해

콘스탄티노플

에게 해

아테네

키프로스

지도에서 보이는 대부분의 지역(북쪽의 요크에서부터 동쪽의 아우크스부르크 및 지중해와 인접하는 모든 지역까지)은 로마 제국의 통치를 받았다. 그러나 5세기 로마의 몰락과 함께 유럽은 이 지도로는 도저히 나타낼 수 없을 정도의 수많은 작은 왕국과 공국으로 분열되었다.

중세 전반부 외침의 위협은 늘 있었다. 북아프리카로부터 침입해온 이슬람 군대는 에스파냐를 점령하고 프랑스까지 밀고들어갔으며, 멀리 떨어진 중앙 아시아의 스텝 초원지대로부터는 사나운 유목민들이 주기적으로 침략하면서 공포와 폭력을 불러일으켰다. 또한 스칸디나비아의 바이킹들은 북유럽의 해안지방을 습격해서 황폐화시키기도 했다.

800년에는 서유럽의 상당 부분이 카롤루스 치하에서 정치적 통합을 이루었다. 그러나 카롤루스의 제국은 그리 오래 지속되지 못했다. 그의 사후 제국은 분열되었고, 그후 중세 내내 국경선은 유동적이었다. 그러나 카롤루스의 정복으로 말미암아 이 지역은 하나의 문화적 단위로 규정되었으며, 카롤루스 자신은 '유럽의 아버지'라 일컬어졌다. 이 후반기에 있었던 좀더 유명한 왕국들이 왼쪽 지도에 표시되어 있다. 이들 중 많은 이름은 오늘날까지 유럽 국가의 지방으로 살아남았다.

1 :: 신을 섬기며

800년, 성탄절에 교황 레오 3세가 로마의 성 베드로 성당에서 카롤루스에게 황제의 왕관을 씌워주고 있다. 교황과 카롤루스 사이의 동맹을 확실하게 해준 이 대관식은 프랑크 족의 왕에게 서부 기독교 세계 내의 세속의 수장 역할을 떠맡겼다는 의미가 있다.

800년 성탄절 아침, 로마는 축복받은 새로운 평화 속에서 깨어났다. 비록 이 영원의 도시가 더 이상 강대한 제국의 중심부는 아니었지만, 여전히 그 과거의 장엄함으로 빛나고 있었다. 예수의 탄생을 축하하기 위해 몰려든 방문객들은 웅장한 기념물과 열주가 늘어선 건물, 그리고 이 도시의 기술자들의 노력으로 제 기능을 발휘하는 높이 치솟은 아치형 수도교들을 경외심에 가득 찬 눈으로 바라보았다. 로마 황제 시대에 지어진 건축물의 남아 있는 파편은 지금 로마의 지배자(카톨릭 교회 교황)가 관장하는 300여 개 교회의 일부를 짓는 데 다시 쓰여졌다.

이날 바티칸(로마의 전설이 담긴 일곱 개 언덕 중 하나) 꼭대기 성 베드로 성당 옆에 있는 안락한 방갈로에서 로마의 평화를 책임지고 있던 사람도 깨어났다. 프랑크 족의 왕 카롤루스는 교황 레오 3세와 함께 성탄절 미사를 보기 위해 독일 북서부에 있는 자기 왕국의 수도 아헨에서 대략 1,126km나 되는 먼 거리를 여행해왔다. 미사 참석을 준비하던 왕은 시종들이 꺼내 보인 옷을 보고는 불평을 늘어놓았다. 그는 원래 중요한 행사 때 입는 프랑크 식 황금 의상(무릎까지 내려오는 튜닉과 긴 스타킹, 다리를 감싸는 화려한 끈)을 입을 계획이었

17

다. 그러나 교황은 그에게 기다란 로마 식 토가를 입고 그의 넓은 어깨에는 클라미스라는 이름의 그리스 망토를 두르라고 했다. 카롤루스는 마지못해 교황의 요구를 받아들였다. 그는 허리에 찬 황금 벨트를 단단히 죄고 보석을 박아 번쩍이는 샌들을 신었다. 이런 옷차림이 불편할 수도 있지만, 그는 위엄을 차리고 방을 나와 제왕다운 발걸음으로 프랑크 귀족들의 행렬을 이끌고 성 베드로 성당으로 향했다.

카롤루스가 장엄한 성당으로 들어가자 교황 레오 3세가 그를 따뜻하게 맞아주며 베드로 성인의 유해가 안치된 볼트(vault) 근처의 제단으로 인도했다. 이 거대한 교회의 내부는 로마의 고위인사들로 가득 찼다. 그들은 미사를 드리면서 한때는 금발이었지만 지금은 백발이 되어가는 프랑크 족의 왕에게 몰래 시선을 고정시키고 있었다. 카롤루스는 키가 약 193cm나 되어서 다른 신

위 그림에서 성 베네딕투스는 수사들에게 규율을 건네주면서 이렇게 말했다. "우리는 수도원에서 이 규율을 지킴으로써 우리 자신의 삶 속에 어느 정도의 선함이 있으며 성스러움의 시작도 있다는 것을 보여주려 이 규율을 썼다."

529년에 만들어졌으며 중세의 가장 위대한 단일문서로도 여겨지는 베네딕투스 규율은 서구 수도원 제도를 이끈 지침원리가 되었다. 유럽 전역에 걸쳐 수백 개의 수도원에서 채택된 이 규율은 그 영향력이 대단해서, 만들어진 이후 400년을 '베네딕투스 시대'라고 부르기도 했다. 이 규율을 둘러싸고 수사들이 서로 싸우게 된 경우도 있었지만, 도미니쿠스 수도회의 '검은 수사들'(왼쪽)과 프란체스코 수도회의 '회색 수사들'(오른쪽)은 베네딕투스 규율을 이용해 보다 오래 된 수도회들의 부와 방종에 도전하기도 했다.

도들의 머리 위로 불쑥 솟아 있었다. 그의 신앙심은 이마에 깊게 드리운 주름살 속에, 또 턱수염 없는 둥근 얼굴에 축 늘어진 길고 풍성한 콧수염과 그 아래 얇은 입술의 팽팽함 속에 잘 드러났다.

미사가 끝나갈 무렵 레오 3세가 일어나 카롤루스에게 다가가서 금과 보석이 박힌 눈부신 제관을 그의 머리에 씌웠다. 그런 다음 그는 다음과 같은 기도를 선창했다. "하나님께서 제관을 씌우셨으니, 평화를 가져다주는 위대한 로마 인들의 황제 카롤루스 아우구스투스에게 생명과 승리를." 교황은 이 말을 세 번 공포한 뒤, 바닥에 엎드려 카롤루스가 입고 있는 토가의 가장자리에 입을 맞추었다. 그런 다음 교황은 카롤루스에게 성유를 부었으며, 카롤루스는 그 고귀한 직위를 정중히 받아들이면서 자신이 준비한 선물을 교회에 바쳤다.

이날 레오 3세는 황제의 대관식을 거행한 최초의 교황이 되었다. 이 일을 그는 사전에 아무에게도(심지어 카롤루스에게조차) 알리지 않고 행동에 옮겼다고 주장하는 사람도 있다. 교황이 그런 행동을 한 동기는 두 가지였다. 프랑크 족의 왕이 과거에 보여준 봉사에 대한 진심어린 감사와, 유럽 왕국들의 세속적인 문제에서 카톨릭 교회가 차지하는 역할을 분명히 하려는 욕망이 바로 그것이다.

레오 3세가 카롤루스 덕택에 목숨을 부지했다고 말하는 것은 절대 과장이 아니다. 레오 3세는 5년 전 교황직에 올랐을 때부터 문제를 안고 있었다. 그는 부도덕하고 성직을 매매한다는 비난을 받았으며, 영주들이 탐내던 교황의 토지를 둘러싼 분쟁에 휩싸여 있었다.

799년 4월 어느 날, 드디어 일이 터졌다. 레오 3세의 행렬이 로마 거리를 지나가고 있을 때 별안간 칼을 든 귀족 서너 명이 그를 땅바닥에 쓰러뜨렸다. 그들은 교황의 혀를 베고 눈알을 도

사본 채식

중세의 수도자들은 영적인 의무와 자선의 의무 외에도 깃촉 펜을 손에 쥐고 종교 서적은 물론 의학, 천문학, 법학에 관한 논문을 양피지에 베끼는 데 많은 시간을 할애했다. 그들은 특별히 서두의 글자를 크고 화려하게 그리는 일에 많은 공을 들였는데, 이를 '채식(彩飾)'이라 부른다. 왼쪽은 수사가 상인에게서 양피지를 사는 장면이다. 왼쪽 끝은 12세기 윈체스터 성서에 나오는 첫 글자 속에 예언자 엘리야가 아합 왕과 이야기하는 모습이 그려진 것을 보여주고 있다. 그 아래에는 예언자 엘리야가 전차를 타고 천국으로 올라가는 장면이 묘사되어 있다.

려내려고 했다. 간신히 그 자리에서 도망친 교황은 북쪽에 있는 카롤루스의 영토로 달아났는데, 당시 카롤루스의 영토는 서유럽의 상당 부분을 차지하고 있었다. 그곳에서 교황은 카롤루스의 보호하에 비록 눈꺼풀에 희미하게 상처가 남긴 했지만 시력을 회복할 수 있었다.

레오 3세의 구원 요청을 받은 카롤루스는 그해 11월 군대를 이끌고 로마로 진격해 교황의 적들을 재빨리 처단했다. 일단 질서가 회복되자 왕은 성직자와 귀족, 그리고 자신의 전사들을 불러모았고, 레오 3세는 그들 앞에서 자신의 무죄를 맹세했다. 카롤루스는 그것으로 문제가 해결되었다고 생각한 것 같다. 카롤루스가 지녔던 개인적인 신앙심과, 비록 강압에 의한 것이긴 해도 그의 새로운 신하들이 로마 카톨릭 교로 개종한 점으로 말미암아 그는 이미 교회의 인정을 받고 있었다. 게다가 이제 교황으로부터 개인적인 감사까지 받게 된 것이다. 그러나 레오 3세가 카롤루스의 대관식을 준비한 것은 장차 교회의 이해관계를 고려했기 때문일 수도 있었다.

400년 전 로마 제국이 몰락하자 로마 군단에 의해 유지되던 안정도 함께 무너졌으며, 로마 제국이 건설하고 유지한 공공토목시설(도로, 수로, 저수지 등)도 파손되었다. 암흑시대로 알려진 이런 혼돈의 시기에 유럽은 법, 교육, 건축, 상업 등에서 쇠퇴를 겪었다. 이러한 정치적 · 정신적 공백으로부터 점차 두 세력이 두각을 나타내기 시작했다. 권력과 영토를 두고 끊임없이 다툰 알프스 산맥 북쪽의 중소 왕국들과, 레오 3세 시절 서유럽의 지배적인 종교가 된 카톨릭이었다.

카톨릭 교회는 교황을 정점으로 광범위하게 영향력을 행사하는 관료조직을 만들어냈다. 교황 아래에는 대주교, 주교, 참사회원, 대수도원장, 수사, 수녀, 그리고 마을의 사제가 있었다. 마을의 사제는 시민을 전체 조직에 직접적이고도 가장 쉽게 연결해주는 고리 역할을 했다. 이러한 체제하에서 교회는 귀중한 자산(영주관과 대수도원, 그리고 거기에 딸린 농경지)을 모든 지방에서 확보했으며, 가장 신분이 낮은 농민의 삶에까지 영향을 주었다. 레오 3세는 카롤루스가 유럽의 왕국 대부분을 정복해 통합시켰으므로 그 영토 안에서 교회의 역할이 확대되리라 예견했다. 12세기 중반까지 교회가 이룩한 성공의 정도를 가장 잘 나타내주는 것은 아마도 카롤루스의 영토가 신성 로마 제국이라는 이름으로 알려진 것이리라.

카롤루스와 그의 후계자들의 시대(오늘날 '중세'라고 알려진 시기)는 신분과 계층을 막론하고 모든 유럽 인들에게 엄청난 변화를 가져왔다. 서민들은 작은 토지에 스스로를 얽어맨 채 자신의 운명을 장원 영주의 변덕에 내맡겼던 거의 노예제나 다름없는 가혹한 제도로부터 도망갈 수 있는 새로운 길을 발견했다. 왕과 여왕들은 피비린내 나는 지루한 전쟁 속에서 서로 충돌했다. 수도원과 수녀원의 신성한 영역은 영육간의 요구가 서로 충돌하고 이에 맞서 싸우는 거대한 휴먼 드라마의 무대였다. 이단으로 재판받은 고트샬크, 끔찍한 징벌을 초래한 아벨라르와 엘로이즈의 사랑, 성자가 될 운명을 타고났으나 그 이상에 적합한 인물을 거의 만나지 못했던 카리스마 넘치는 베르나르두스 등과 같이 아주 다양한 사람들이 이러한 시대의 혼란에 휩싸였다.

수도원과 수녀원은 한때 속세의 일로부터 물러나는 것을 의미한 적도 있었지만, 9세기 이후 그것은 농업과 통치라는 속세의 일에서 주요한 세력으로 등장했다. 인구밀집 지역에 수도원과 수녀원을 세운 사람은 흔히 거대한 토지를 소유한 영주들이었다. 이들은 신으로부터는 인정받고, 이웃들 사이에서는 지위를 획득하며, 친척들은 정착시키기 좋은 곳을 찾고 있었다. 이러한 귀족들은 자신이 직접 대수도원장(수도원의 최고위직 관리)을 선택하는 권리를 부여받았는데, 이때 그들은 대개 자신의 아들(수녀원장인 경우에는 자신의 딸)을 그 자리에 임명했다.

후원자들이 기부한 땅과 재물을 가지고 출발한 수도원은 부유한 영지가 되었다. 이들은 엄청난 양의 곡물과 포도주를 소유했으며, 농사와 집안일을 돌보는 수많은 일꾼을 감독했다. 일부 수도원은 영주관을 3,000채나 소유하기도 했으며, 어떤 대수도원장의 광활한 토지에는 2만 명의 사람들이 살기도 했다. 그러므로 대수도원의 수도원장은 나라의 최고 권력자 중 하나였으며, 일부는 교황에게까지 영향력을 미치기도 했다.

카롤루스는 수도원이 교육을 가장 중요시해야 한다고 주장했다. 배움의 혜택을 빼앗겨버린 사람의 간절한 심정으로 그는 배우는 것이 가치 있는 일이라 생각했던 것이다. 말놀이보다 칼놀이의 뉘앙스를 파악할 수 있도록 길러진 수많은 전사들처럼 그도 자신의 교양이 충분하지 않은 것을 유감으로 생각했다. 비록 라틴 어로 말하고 그리스 어를 이해할 수는 있었지만 카롤루스는 아무리 노력해도 스스로 만족할 정도의 글을 쓰지는 못했다. 그가 789년, 모든 수도원으로 하여금 젊은이들에게 읽기, 쓰기, 산수, 종교서적과 고전을 가르쳐야 한다는 칙령을 내린 것도 이런 이유 때문인지도 모른다. 그는 또한 당시의 읽기 힘든, 제멋대로 생긴 글자체를 대체할 명확한 형태의 표준 글자체를 개발하는 것도 장려했다.

교육 임무를 담당한 수사와 수녀들은 주로 상류층 출신이었다. 그러나 그들 중 대다수가 스스로 그런 삶을 선택한 것은 아니었다. 그들 대부분은 어린아이였을 때 부모에 의해 수도원에 맡겨졌다. 수도 생활에 몸을 바친 젊은 신참자들('봉헌된 사람'이라는 뜻의 오블레이트(oblate)라고 알려진)은 전형적으로 대가족에서 차남이거나, 다른 형제자매보다 나이가 어린 아이들이었다. 그렇기 때문에 그들은 상당한 액수의 유산이나 지참금은 기대할 수 없지만, 교회에 몸을 바침으로써 권력과 명망을 추구할 수는 있었다.

색슨 족 백작의 아들이었던 고트샬크도 그런 아이였다. 804년에 태어난 그는 오블레이트로 받아들여지기에 적합한 나이인 7세쯤 되었을 때 중부 독일의 풀다에 있는 영향력 있는 수도원에 맡겨졌다. 고트샬크가 수도원에 들

어간 날 그의 부모는 관행에 따라 그를 미사 도중에 제단으로 데려갔다. 그의 부모는 엄숙하게 그의 오른손을 제대보에 싸고 입을 맞춘 뒤 사제에게 건넸다. 사제는 내민 손을 잡고 소년의 머리 위에 성호를 그었다. 성가대의 선창자가 성가를 부르는 가운데 고트샬크는 대수도원장에게 넘겨졌고, 대수도원장은 그의 머리에 성수를 붓고 머리카락을 잘랐다.

미사가 끝난 뒤 부모는 떠났고, 어린 고트샬크의 옷을 벗기는 의식이 있었다. 그런 다음 고트샬크는 무릎까지 내려오는 형태가 없는 검은색 겉옷을 입었는데, 어깨에서 헐렁하게 내려온 옷에는 카울이라고 하는 모자가 달려 있었다. 그는 이제 이런 옷을 앞으로 매일, 그리고 평생 동안 입게 될 것이었다. 그 겉옷 속에는 단순한 형태의 튜닉을 입을 것이고, 날씨가 추우면 단지 좀더 두꺼운 겉옷을 입을 뿐이었다. 허리띠를 두르고 스타킹과 신발을 신으면 완벽한 수사의 차림새가 되었다. 고트샬크도 색슨 지방의 길고 추운 겨울에는 두툼한 양모 바지를 입었다.

대수도원장은 그에게 갈대로 만든 매트리스와 베개, 리넨 시트, 양모 담요, 칼도 지급했다. 고트샬크와 동료 수사들은 개인 물건을 가지는 것이 금지되었으며, 만일 발각되면 가혹한 벌을 받았다. 개인 소지품의 흔적을 찾아내기 위해 대수도원장이 직접 수사들의 방을 조사했다.

부유한 귀족의 자제였던 고트샬크는 아마 집에서는 응석받이로 자랐을 것이다. 그러나 그가 수도원에 들어온 날부터 이제 그런 삶은 끝났다. 지금부터 그의 하루 일과(사실은 그의 삶의 모든 면까지)는 베네딕투스 규율에 따르게 될 것이다. 이 규율은 누르시아의 성 베네딕투스가 만든 지침이었다. 베네딕투스는 6세기에 수도원을 세운 대수도원장으로, 훗날 그의 이름을 딴 수도회가 생겨났다. 카롤루스는 모든 수도원과 수녀원은 베네딕투스 규율을 표본으로

동료 수사와 함께 있는 모습으로 그려진 영국의 학자 앨퀸(오른쪽)은 카롤루스의 수많은 문화개혁을 실행에 옮겼다.

삼으라는 칙령을 내렸다. 이 규율에 따르면 하루를 기도와 공부, 노동으로 보내야 하며 엄격한 일정에 따라 시간을 사용해야 했다.

고트샬크는 매일 기숙사에서 자정에서 새벽 2시 사이쯤 울리는 수도원 종소리에 잠을 깼다. 졸음과 추위 속에 그와 어린 수사들은 옷을 입고 줄지어서 예배소까지 행진해 (아마도 비틀거리며) 갔다. 모자를 쓴 모습 뒤로 몇 개 안 되는 촛불이 흔들거리는 그림자를 드리우는 어두컴컴한 성가대 석에서 조과(朝課)―찬송가 3개, 시편송 3개, 낭독 3개―를 하고, 그 뒤에는 미리 정해진 일련의 기도인 찬과(讚課)를 했다. 그런 다음 잠시 선잠을 잔 뒤 동이 틀 무렵 다시 기도를 하고, 계속해서 하루종일 3시간 간격으로 기도가 이어졌다.

고트샬크는 오후 2시가 되어서야 겨우 첫 번째 식사를 했다. 겨울에는 그나마 그게 하루 중 유일한 식사였으며, 낮 시간이 긴 여름철에는 저녁 기도인 만과(晚課) 이후 가벼운 저녁식사가 허락되었다. 풀다에서 음식이 부족한 때

표준 글자체

카롤루스는 비록 자신의 이름조차 제대로 쓰지 못했지만 자신의 제국 전역에서 배움과 학문을 널리 장려했다. 카롤링거 서체 혹은 카롤링거 미너스큘이라고 알려진 라틴 어 서체를 채택한 것도 그가 단행한 개혁조치 중 하나였다. 훗날 최초의 인쇄기에 사용되기도 한 이 우아하고 둥그런 글자 형태는 현대 글자체의 기본이 되었다.

왼쪽은 8세기에 필사된 〈마태복음〉의 일부로, 카롤링거 서체가 지닌 대단히 현대적인 요소를 잘 보여주고 있다. 아래 확대된 글자는 '그리고' 라는 뜻의 라틴 어 et에서 나온 &, '주' 또는 '하나님' 을 뜻하는 라틴 어 dominus를 ds로 줄여 약자로 쓴 것을 보여준다.

는 거의 없었다. 고트샬크는 에일 맥주나 포도주를 매일 맘껏 마셨고, 가끔은 허브로 맛을 내기도 했다. 또 빵과 치즈, 귀리죽, 맛있게 조리한 생선, 채소, 달걀을 먹을 수 있었다. 베네딕투스 규율에서는 육식을 금했지만, 병에 걸린 수사들은 예외였다. 어떤 수도원에서는 절반이나 되는 수사들이 수도원 내 병원에서 고기를 맛보기 위해 짐짓 몸이 아프다는 핑계를 대기도 했다고 한다.

긴 나무 탁자 앞에 앉은 고트샬크는 다른 수사들과 함께 잔을 들고 한 모금 마시기 전에 고개를 숙이는 것과 같은 복잡한 식탁 예절을 배웠다. 아버지의 영주관에 있던 식당은 때로 매우 활기가 넘쳤지만, 수도원에서의 식사시간은 베네딕투스 규율에 따라 침묵에 감싸였다. 고트샬크는 수사들이 서로 의사소통을 하기 위해 만들어낸 특별한 몸동작을 배워야 했다. 예를 들어, 저녁식사로 생선을 먹고 싶으면 손으로 수영하는 동작을 취했고, 치즈를 먹고 싶으면 손바닥을 맞대고 누르는 시늉을 했다. '맵다'라는 말을 표현하려면 오른손 집게손가락 옆을 물고 입을 꽉 닫고 있어야 했다.

| 힐데가르트의 신비로운 환영 |

여자들에게 재능을 발휘할 기회란 거의 없었으며 인정은 더더욱 해주지 않던 시대에 독일의 대수녀원장 힐데가르트 폰 빙겐이 그런 전통에 반기를 들었다. 그녀는 신비주의자이자 시인, 과학자, 치유자, 예언자, 설교자, 음악가, 사회비평가였다. 스스로를 '단순한 피조물'이라고 표현한 그녀는 중세 유럽의 매우 주목할 만한 인물 중 하나가 되었다.

힐데가르트는 1098년 라인 강변의 대성당이 있던 마인츠 근처 귀족 집안에서 태어났다. 힐데가르트는 3세 때 눈부신 빛과 함께 예언이 담긴 환영을 보기 시작했다. 힐데가르트의 부모가 그 지방의 베네딕투스 수도회 수녀원을 이끌던 유타라는 이름의 독실한 여인에게 힐데가르트의 보호와 교육을 맡긴 것도 아마 이 때문이었을 것이다. 유타는 힐데가르트를 잘 가르쳤고, 유타가 죽자 38세의 힐데가르트는 대수녀원장이 되었다.

자신에게 나타나는 환영의 근원이 무엇인지 확신할 수 없었던 힐데가르트는 이 사실을 남에게는 거의 말하지 않았다. 그러나 대수녀원장이 된 뒤 그녀는 자신의 삶을 바꾸게 될 환영을 보게 된다. 그녀는 "하늘이 열리고 눈이 안 보일 정도로 엄청나게 밝은 빛이 내 온 머리로 흘러들었다"라고 썼다. 하나님은 그녀에게 이렇게 명령했다. "네가 보고 듣는 것을 기록하라." 그녀는 마지못해 자기가 받은 계시를 쓰기 시작했는데, 그것은 루시퍼(사탄)의 타락, 천지창조, 최후의 심판과 같은 주제를 매우 정교하고 자세하게 묘사한 장면들이었다.

"나의 의식에 변화가 왔다." 그녀는 훗날 그때에 대해 이렇게 썼다. "마치 내 자신이 누구인지 더 이상 알지 못할 것 같았고, 빗방울이 하나님의 손에서 내 영혼으로 떨어지는 것 같았다." 그러나 수많은 사람들은 그녀를 간절히 알고 싶어했다. 교회가 그녀의 기록을 공식적으로 승인하자 당시 수많은 위대한 지도자들이 그녀의 신성한 환영을 보려고 했다. 그중에는 교황이 4명, 황제가 2명,

'불 같은 빛으로 타오르는' 힐데가르트가 첨필로 밀랍 서판에 자신이 본 환영을 기록하고 있다. 그녀 옆에는 그 환영을 양피지에 베껴 쓸 준비를 하는 수사와 수녀가 있다.

루페르츠베르크에 있는 힐데가르트 수녀원의 모습.

아키텐의 엘레오노르와 잉글랜드의 헨리
2세 같은 왕족, 토머스 베켓과 클레르보
의 베르나르두스와 같은 고위 성직자들
도 있었다.

　1150년 힐데가르트는 자신의 수녀들
과 함께 빙겐이라는 마을 근처 라인 강
변에 있던 루페르츠베르크로 옮겼다. 이
수녀원이 번창하자 힐데가르트는 강 건
너편에 수녀원 하나를 더 세우고 두 군
데를 정기적으로 왕래했다. 그녀가 살면
서 보았다고 주장한 환영이 그녀가 죽을
때 다른 많은 사람들에게도 나타났다고
한다. 힐데가르트가 81세의 나이로 죽던
날 빛나는 십자가와 원들이 하늘을 밝혔
다고 하는데, 그것은 마치 힐데가르트가
자신의 추종자들에게 천상의 왕국을 살
짝 볼 수 있도록 해준 것 같다.

힐데가르트의 환영 중에는
천상의 포옹으로 둘러싸인 사람이
우주의 중심에 서 있는 것도 있다.

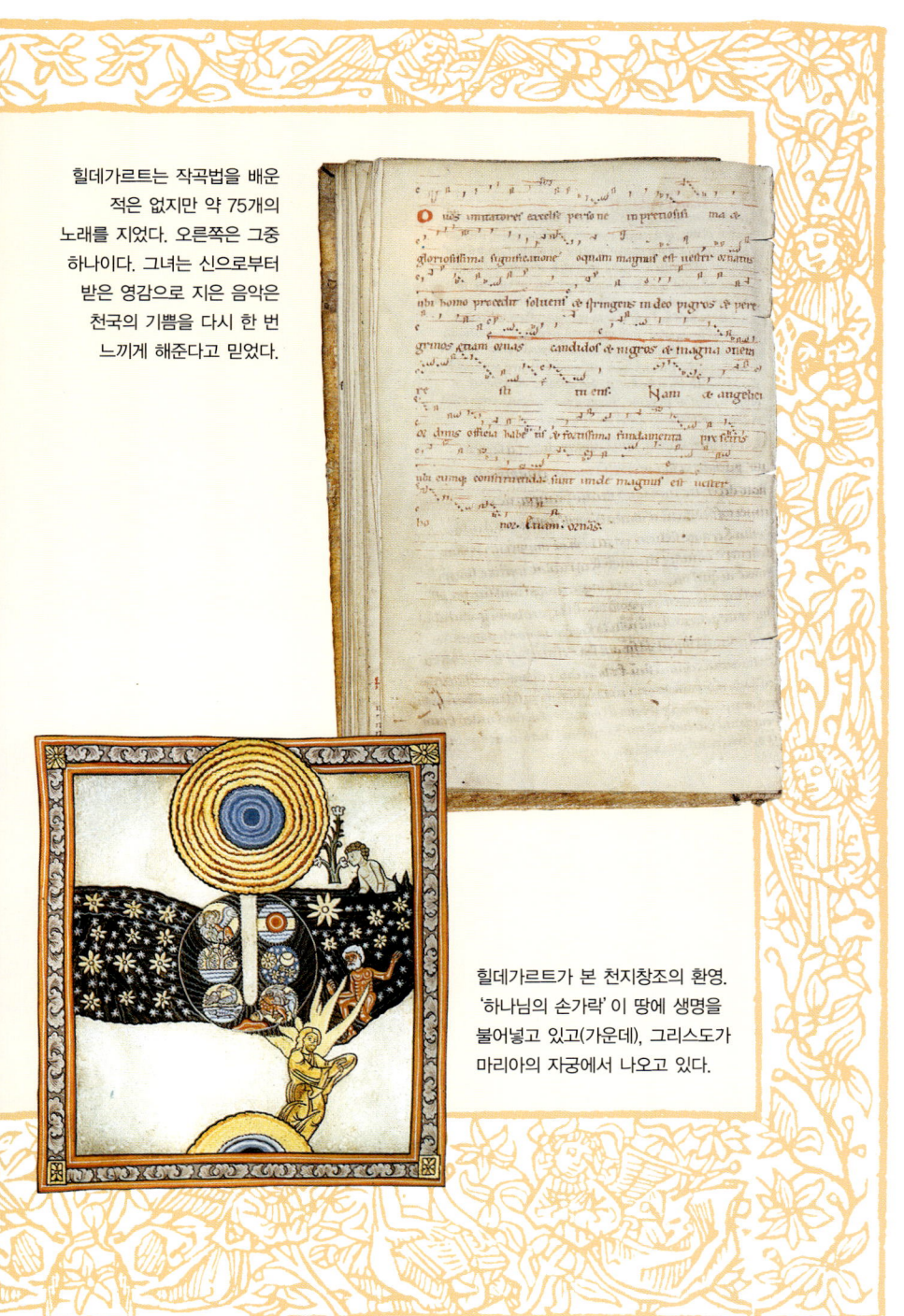

힐데가르트는 작곡법을 배운 적은 없지만 약 75개의 노래를 지었다. 오른쪽은 그중 하나이다. 그녀는 신으로부터 받은 영감으로 지은 음악은 천국의 기쁨을 다시 한 번 느끼게 해준다고 믿었다.

힐데가르트가 본 천지창조의 환영. '하나님의 손가락'이 땅에 생명을 불어넣고 있고(가운데), 그리스도가 마리아의 자궁에서 나오고 있다.

고트샬크는 소수의 그룹으로 이루어진 스승들의 보살핌을 받았다. 다른 어린 수사들과 마찬가지로 그도 항상 스승의 감시를 받았는데, 찬송 중에 졸거나 조과 시간에 자리에서 너무 늦게 일어나는 것과 같은 사소한 잘못에도 심하게 매를 맞기도 했다. 기숙사에서도 이렇게 늘 수사들의 감시를 받으며 지냈는데, 이런 수사들은 어린 수사 2명에 하나씩 배치되어 그 사이에서 잠을 잤다. 욕실에서도 이들 스승은 어린 수사들이 세면대에서 손과 얼굴을 씻을 때 2명에 하나씩 서 있었다. 손과 얼굴을 씻는 일은 하루에 서너 번 하도록 되어 있었다. 심지어 수사들이 화장실에 가는 시간도 규율로 정해져 있었다. 토요일에는 아주 철저히 씻어야만 했고 성탄절과 부활절에는 전신욕을 하도록 되어 있었다. 면도하는 것도 규칙적으로 일정이 짜여져 있었는데, 수사들은 두 줄로 서로 마주 앉아 찬송가를 부르며 상대방의 수염을 깎아

29

주었다.

고트샬크 자신도 감시자 겸 고발자가 되어 다른 소년이 잘못된 행동을 하는 것을 발견하는 즉시 그의 스승들에게 알려야 했다. 어린 수사들이 즐겨 했던 못된 장난 중 하나는 다른 친구가 예배 시간에 졸고 있을 때 둥글게 깎은 정수리에 뜨거운 촛농을 떨어뜨리는 일이었다. 그런데 장난을 친 소년이 발각되는 순간, 그것이 미리 보고되지 않았다면 당사자는 물론 감시를 게을리했다는 이유로 고트샬크도 함께 매를 맞았다. 그러나 어쩌면 고트샬크는 다른 수도원의 어린 수사들보다는 제재를 덜 받았는지도 모른다.

다른 수도원에서는 어느 누구도 "다른 어린 수사들에게 어떤 신호를 보내거나 눈짓을 할 생각도 못하게 하고, 미소를 짓거나 어떤 형태의 친밀감도 표현하지 못하게 하며, 심지어 서로 얼굴을 마주 보고 앉지도 못하게" 하는 규칙을 세웠다. 이런 제재가 장난을 막는 데 매우 효과적이었음은 의심할 여지가 없으나 동시에 서로 우정을 쌓는 것도 어렵게 만들었다.

고트샬크의 행동에서 잘못된 점이 발견되면 매일 모임 시간에 언급되었는데, 이 모임은 모든 수사들이 참여한 가운데 챕터하우스(chapter house)에서 열렸다. '챕터하우스'라는 이름이 붙은 것은 이 활기찬 모임이 항상 베네딕투스 규율의 한 챕터(장)를 읽으면서 시작되었기 때문이다. 모임에서는 소작료, 지급물품 등과 같은 사무적인 안건을 토의한 뒤 도덕적인 문제로 관심을 돌렸다. 각자 자신의 잘못을 고백하거나 다른 사람이 지적하도록 했으며, 그것이 끝나면 잘못을 고치기 위한 지시를 받았다.

고트샬크와 그의 친구들은 조그만 교실에서 매일 열심히 공부했다. 모든 과목의 수업이 라틴 어로 이루어졌기 때문에 그들의 첫 번째 과제는 라틴 어를 배우는 것이었다. 고트샬크는 복잡한 라틴 어 문법을 습득하는 데 힘쓰며 밀랍 서판의 표면을 나무로 된 첨필 끝으로 눌러가며 필기를 했고, 이렇게 필기한 내용을 나중에 양피지에 조심스럽게 옮겨 적었다. 그는 성서 이야기

대부분의 환자들이 침대 하나에 2명씩 누워 있는 이 프랑스의 병원은 중세의 다른 많은 병원과 마찬가지로 수녀나 수사들이 가난한 자들을 위해 운영하던 곳이었다.

뿐만 아니라 고대 로마 시대의 이야기도 읽었으며, 단어집을 공부하며 어휘력을 넓혀갔다.

산수는 단어문제 같은 형태로 가르쳤으나 로마 숫자를 사용했기 때문에 복잡한 계산은 다소 어려웠다. 그러나 고트샬크는 남부 독일의 콘스탄츠 호에 있는 라이헤나우 수도원의 저명한 선생들 밑에서 공부를 마칠 수 있도록 보내진 것으로 보아 우수한 학자였던 것 같다. 하지만 풀다에 있던 스승들이 그와 같은 고등교육이 장차 고트샬크에게 어떤 영향을 미칠 것인가를 미리 알았더라면 그를 보내지 않았을 것이다. 왜냐하면 이 젊은 수사는 라이헤나우에서 당시로서는 드물었던 '자유로운 사상가'로 떠올랐기 때문이다. 그는 곧 카톨릭 성직자단측에서 보면 성가신 눈엣가시가 되고 말았다.

많은 수사들은 무조건적인 복종으로 일관되는 수도원에서의 삶, 꼼꼼히 짜여진 공동체에 대한 소속감, 고상한 목표에 대한 헌신 속에서 만족을 찾았다. 그러나 25세가 되자 고트샬크는 다른 쪽으로 이끌리는 자신을 발견했다. 그는 수도원 담 밖에서만 가능했던 아무런 제한이 없는 학술적·종교적 토론에 참여하고 싶은 열망을 가졌다.

829년, 고트샬크는 마인츠에 있는 주교 공의회에 편지를 써서 수도원에서 내보내달라는 요청을 했다. 그는 자신의 아버지가 겨우 7세에 불과했던 자기를 평생 동안 지속되는 계약으로 수도원에 맡길 권리가 없다고 주장했다. 그러나 풀다의 수도원장 라바누스 마우루스는 "기독교인이 자기 자식을 하나님께 바치는 것은 합법적인 일이며, 하나님께 한 맹세를 깨뜨리는 것은 큰 죄를 저지르는 것이다"라고 주장했다. 많은 토의를 거친 뒤 평의회는 설득력 있는 젊은 수사의 편을 들어주었다. 그러나 마우루스의 영향력 또한 대단해서 고트샬크는 완전한 자유를 얻기보다는 단지 프랑스 동북부 지방에 있는 오빌레르 수도원으로 보내졌다.

몇 년 뒤 고트샬크는 또다시 교회 당국과 충돌했다. 성 아우구스티누스의 가르침을 공부하면서 고무된 그는 예정설(6세기에 등장한 교리로서 교회의 지지는 받지 못하고 있었다)의 옹호자가 되었다. 기본적으로 예정설은 오직 신만이 사람이 선하게 될 것인지 악하게 될 것인지를 결정하며 선한 사람만이 구원을 받을 수 있다고 주장했다. 이 주장에 대해 고트샬크가 쓴 글은 그의 전 수도원장이었던 라바누스 마우루스를 화나게 만들었는데, 마우루스는 당시 대다수의 성직자들과 마찬가지로 모든 사람들은 교회를 통해 죄로부터 구원받을 수 있다고 믿었다.

마우루스의 분노 덕분에 고트샬크는 848년, 마인츠의 또 다른 성직자 공의회에 불려나가게 되었다. 이단 혐의를 받고 유죄 선고를 받은 그는, 훗날 어느 증인의 말에 따르면 '초주검이 될' 때까지 매질을 당했다. 그후 공의회는 고트샬크의 불경스런 사상으로 말미암아 다른 사람들이 오염되는 것을 막기 위해 그를 오빌레르 수도원에 자물쇠로 잠가 감금하도록 명령했다. 그곳에서 고트샬크는 정신착란을 일으켜 868년에 죽을 때까지 갇혀 있었다.

고트샬크 생전에는 누리지 못했지만, 그가 갈망했던 학문의 자유는 수사와 평신도 모두에게 결국 주어졌다. 그의 사후 약 200년이 지난 프랑스 서부의 브르타뉴 반도에서 피에르 아벨라르라는 이름의 남자아이가 태어났다. 기사의 장남이었던 그는 당시 어느 누구도 따라올 수 없을 정도로 명석했지만, 그보다는 역사상 가장 위대한 러브스토리로 더 유명해졌다.

아벨라르의 아버지는 아들로 하여금 항상 지식을 추구하도록 격려했는데, 아벨라르의 표현에 의하면 그의 아버지는 "기사가 되기 전까지는 글자의 맛을 거의 보지 못했으나, 기사가 된 후로는 크나큰 사랑으로 글자를 감싸 안아서" 자신의 아들들이 "무기 사용법을 배우기 전에 글을 배우게 되길" 원했다고 한다. 이는 전형적인 귀족계층의 교육 형태와는 정반대되는 것이었는데, 아벨라르의 아버지는 결국 나중에 이를 후회했을지도 모른다. 왜냐하면

아들은 아버지의 기사 신분에 따라오는 모든 권리를 포기하고 대신 평생 지적인 깨달음을 추구했기 때문이다. 아벨라르는 "나는 전리품보다 논쟁이 더 좋다"라고 쓰기도 했다. 아벨라르보다 더 투쟁적인 논객을 찾아보기는 힘들었다. 성마르고 젊은 기사가 노련한 라이벌을 물리치기도 하는 것처럼, 아벨라르도 매우 존경받는 많은 스승들에게 도전해 그들을 물리쳤다.

아직 젊은 시절 아벨라르는 뛰어난 교육자인 샹포의 기욤이 대성당 부속학교에서 열었던 강의를 듣기 위해 파리로 갔다. 그러나 얼마 지나지 않아 아벨라르는 파리 시 경계 바로 밖에 자신의 학교를 세웠는데, 그는 이러한 행동을 일컬어 기욤에 대한 '포위공격'이라 말하기도 했다. 유창하고 재치 있는 아벨라르는 철학의 주요 주제를 놓고 스승과 겨뤄서 종종 이기곤 했다. 학생들은 기욤을 떠나 이 젊고 매력적인 강사에게 몰려들었고, 아벨라르는 자신의 명성은 커진 반면 옛 스승의 명성은 '점차 꺼져' 갔다고 훗날 자랑하기도 했다.

그후 아벨라르는 프랑스 북부로 가서 당시 가장 유명했던 성서학자이자 기욤을 가르치기도 했던 랑의 안셀무스 밑에서 공부했다. 그러나 아벨라르는 안셀무스에 대해 비판적이었고 또다시 성서에 대한 자신의 해석을 바탕으로 강의를 하기 시작했다. 그가 수많은 학생을 끌어가자 안셀무스는 아벨라르가 랑에서 강의하는 것을 금지했다.

파리로 돌아온 아벨라르는 대성당 참사회원(대성당의 직원으로 일하는 성직자)이 되었다. 아울러 그는 또 근처 대성당 부속학교의 강사가 되었는데, 그의 날카로운 통찰력은 유럽 전역에서 온 학생들을 매혹시켰다.

아벨라르 같은 사람은 끝없이 뻗어나가고 싶은 유혹을 받았던 것 같다. 1119년, 그는 40세의 나이에 자신의 삶을 송두리째 바꾸어놓을 엄청난 일을 저지르게 된다. 그동안 젊음의 에너지를 모두 지적 추구에 쏟아부었던 그는 성적으로는 금욕적인 생활을 하고 있었다. 그러나 그는 부와 명성을 얻은 후

"여기 지옥과 그리고 그 지옥의 문을 닫고 있는 천사가 있다"라는 글귀가 적힌 12세기의 이 그림은 괴물이 저주받은 영혼들을 게걸스럽게 잡아먹는 지하세계의 모습을 묘사하고 있다.

중세의 사람들은 지옥의 공포에서 벗어나고 영원한 구원을 얻으려면 교회와 교회의 가르침에 충실해야 한다고 배웠다. 15세기에 그려진 이 그림은 사제들이 설교하고, 미사를 드리고, 성사를 올리는 것을 공손히 무릎 꿇고 따르는 신도들의 모습을 보여준다.

부터 육체적인 욕망에 사로잡힌 나머지, 자신의 강의를 듣던 젊은 여인을 유혹해 그 욕망을 해소하기로 마음먹는다.

과연 아벨라르는 그답게 근사하고 지적인 방법으로 접근했다. 먼저 그는 자신의 성적 매력을 이렇게 평가했다. "그때 나의 명성은 너무나 컸고 젊음의 우아함과 아름다움도 매우 뛰어나서 내가 사랑을 베풀면 어떤 여자라도 거절하지 못할 것 같아 두려웠다." 참사회원은 어떤 복장을 입어야 한다는 규정이 없었기 때문에, 그는 당시 최신 유행에 따라 그렇잖아도 잘생긴 외모를 더욱 멋지게 마음껏 가꿀 수 있었다. 그는 올이 고운 천을 최신 스타일로 재단하고 목과 가장자리는 수로 장식했으며 소매는 팔목에서 종 모양으로 부푼 튜닉을 입었고, 모피로 장식한 망토는 보석이 박힌 버클로 한쪽 어깨에 고정시켰다.

이제 아벨라르는 적당한 후보를 물색하기 시작했다. 그런 그의 눈이 대성당 부속학교 옆집에 살고 있던 16세의 소녀 엘로이즈를 보고 빛이 났다. 그는 가까운 거리에서 그녀의 여학생다운 차림새를 자세히 관찰했다. 그녀는 바닥까지 내려오는 길이의 꽉 끼는 가운을 입었는데, 목 주위는 V자 형으로 파져 리넨으로 된 속옷이 보였으며, 허리까지 내리땋은 머리는 모자가 달린 망토 밖으로 나와 있었다. 엘로이즈는 파리 대성당 참사회원인 퓔베르의 조카였는데, 근처의 아르장퇴유 수녀원에서 교육을 받았다. 그녀는 10대 중반에 고전을 읽었다.

그녀로부터 깊은 인상을 받은 아벨라르는 훗날 "그녀는 여자들에게서는 좀처럼 찾아보기 힘든 문학적 소양을 가지고 있어서 눈에 띄었다. 나는 그녀가 연인을 매혹시킬 수 있는 모든 것을 가지고 있다는 것을 깨달았다"라고 쓰기도 했다. 배움에 대한 즐거움으로 가득 찬 엘로이즈는 아벨라르가 이룩한 지적 업적을 높이 평가하고 있었고, '아주 기꺼이 그에게 무릎 꿇을 것'이 확실했기 때문에 그의 사랑의 대상으로 알맞았다.

아벨라르는 자신과 퓔베르 두 사람 모두를 잘 알고 있던 친구의 도움으로 엘로이즈를 애지중지하는 그녀의 삼촌이자 후견인인 퓔베르에게 접근해서, 가사 경비를 충당할 돈이 필요하다며 엘로이즈를 가르치겠다는 제안을 했다. 너무나도 간절히 조카의 공부를 진척시키고 싶었던 퓔베르는 아벨라르가 시간이 날 때면 '낮이든 밤이든' 언제든지 들러서 조카를 가르치라고 했다.

"공부하는 척하면서 우리 자신을 완전히 사랑에 내맡겼다."

육욕에 대한 기대로 가득 찬 아벨라르에게 퓔베르의 동의는 '어린 양을 굶주린 늑대에게 맡기는' 것과 다름없었다. 심지어 퓔베르는 아벨라르에게 "그 아이가 게으름을 피우면 엄하게 꾸짖게"라고 말하기까지 했다. 놀라고 두려웠지만 그래도 이 유명한 학자에게 마음이 끌렸던 엘로이즈가 처음 자신의 정조를 지키려고 했을 때에는 아마 위협과 구타가 필요했을지도 모른다. 그러나 머지않아 엘로이즈는 스승의 애무에 완전히 몸을 맡기게 되었다. 그녀는 훗날 "내게는 우리가 경험했던 그 사랑의 즐거움이 너무나 달콤해서" 아직도 머릿속에서 지워지지 않는다고 했다.

퓔베르의 집에서 수업을 할 때 사용했던 방에는 책상과 책장, 그리고 긴 의자가 있었다. 아벨라르는 책을 펼쳐서 여기저기 흐트러뜨려 놓고 "공부하는 척하면서 우리 자신을 완전히 사랑에 내맡겼다"고 회상했다. "학문적 견해보다 키스를 나누는 시간이 더 많았다. 어떠한 사랑의 단계도 우리의 욕망을 피해가지 못했다. 우리는 사랑이 만들어낼 수 있는 새로운 것이라면 모두 시도해보았다."

그러나 이런 즐거움에도 불구하고 모든 것이 계획대로만 진행된 것은 아니었다. 아벨라르는 성적 욕망을 만족시키는 일이 자신의 모든 것을 소진시키는 위험한 열정이 되리라는 것을 예측하지 못했다. 그는 나중에 엘로이즈에게 "나와 당신을 묶고 있는 육욕의 불길이 너무나 강렬해서 입에 담기만 해도 얼굴이 붉어지는 저질스럽고 음란한 즐거움을 하나님보다 더 우선시하고 말았소"라고 말했다. 그는 '게으르고 무관심한' 사람이 되었다. 강의에 집중할 수 없자 그의 가르침은 엉망이 되고 말았다. 그가 이 기간에 해낸 유일한 업적은 사랑의 노래를 쓴 것이었는데, 이때 지은 노래는 훗날 음유시인들의 레퍼토리가 되기도 했다.

이들의 연애는 학생들이 눈치챌 때까지 여러 달이나 계속되었다. 친구들이 귀띔했지만 퓔베르만이 그 사실을 믿으려 하지 않았다. 그러나 어느 날 마침내 퓔베르도 진실과 맞닥뜨리고 말았다. 아마도 아벨라르와 엘로이즈가 뒹구는 현장을 직접 목격했는지도 모른다. 격분한 퓔베르는 아벨라르가 다시는 자기 집에 오지 못하도록 했다.

연인으로 하여금 서로 떨어져 지내게 하는 것은 참기 힘든 고통이었다. 그러던 중 엘로이즈는 자신이 임신한 것을 알았다. 이제 아벨라르와 다시 합칠 수 있을 것이라는 믿음에 너무 기뻐서 그녀는 그에게 편지를 썼고 함께 계획을 세웠다. 삼촌이 외출한 어느 날 밤 엘로이즈는 수녀 차림을 하고 퓔베르의 집을 빠져나가, 아벨라르와 함께 브르타뉴에 있는 그의 누이의 집으로 갔다. 그곳에서 엘로이즈는 사내아이를 낳았는데, 지평선으로부터 별의 위치를 재는 과학 기구의 이름을 따서 아스트롤라브라는 아주 드문 이름을 지어주었다.

아벨라르는 파리로 돌아와 엘로이즈와 결혼하겠다며 퓔베르를 안심시켰다. 그때는 결혼한 참사회원이나 사제도 있었으며 심지어 부인이 있는 몇몇 주교까지 있었지만, 그보다 더 높은 지위의 교회 당국자들은 이런 관행을 금지시키려고 애썼다. 그들의 주장은 사제는 독신으로 남아 있음으로써 신도들을 너무 자주 괴롭히는 열정과 욕망에서 벗어나 보다 높은 도덕 수준에 도달

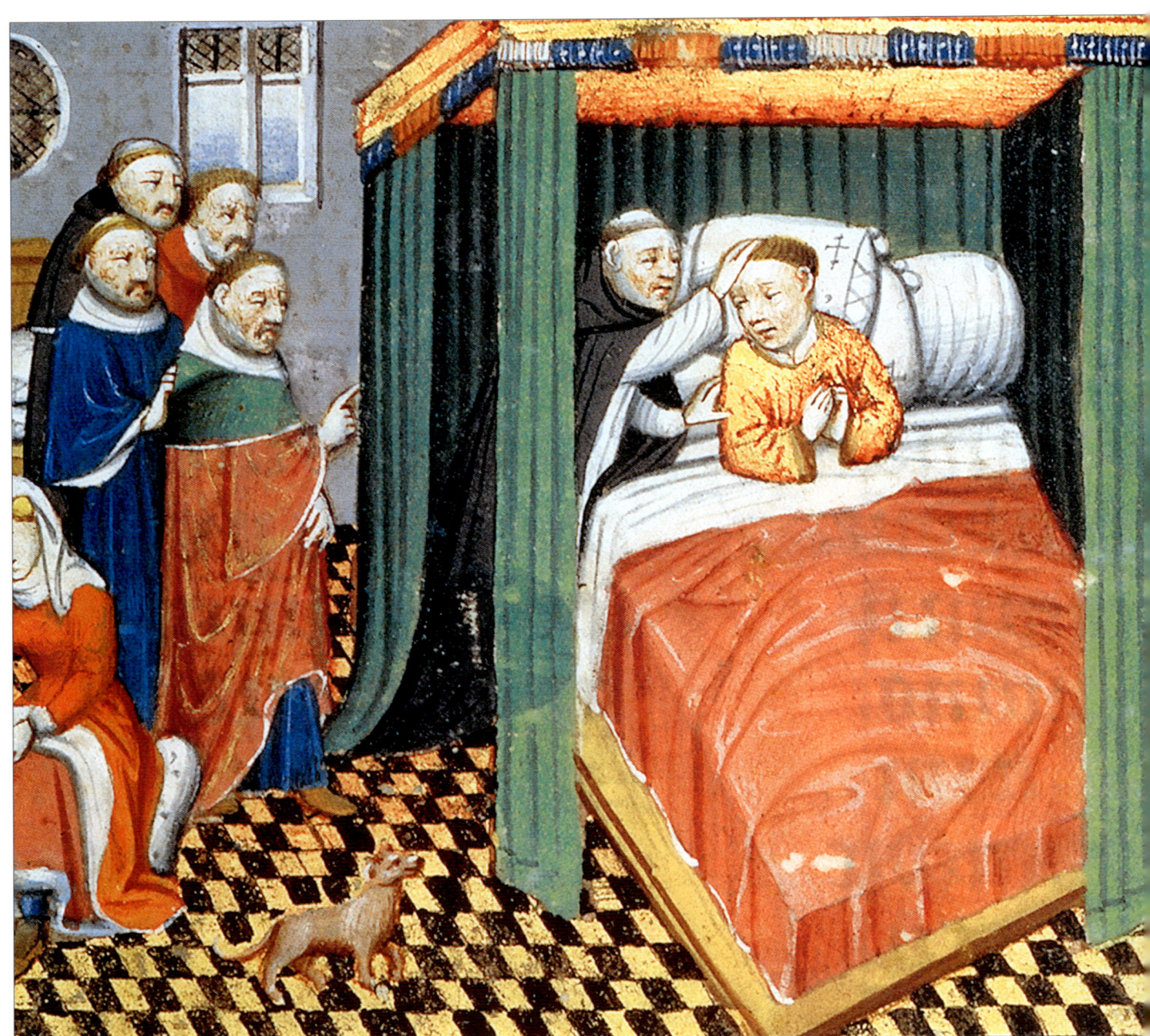

할 수 있다는 것이었다. 이런 주장이 카톨릭 교회의 공식 정책이 되기까지는 몇십 년이 더 걸리긴 했지만, 아벨라르 당대에도 아내를 두는 것은 약점으로 간주되었다. 필베르는 학자의 명성을 보호하기 위해 결혼 사실을 비밀로 해달라는 아벨라르의 요청을 받아들였다.

그러나 두 남자 모두 엘로이즈가 아벨라르를 위해 결혼을 거부하리라는 것은 전혀 예측하지 못했다. "그게 어울리는 일인가요?" 그녀가 물었다. "학자가 유모와 시간을 보내고 아기 침대 사이에 책상을 놓는 걸 어떻게 생각할 수 있나요? 어린애들이 쉴 새 없이 더럽히고 어질러놓는 데서 어떻게 공부에 집중할 수 있겠어요?" 엘로이즈는 다른 해결책을 제시했다. 그의 아내가 아니라 정부가 되겠다는 것이었다.

엘로이즈가 볼 때 그것은 타당한 제안이었다. 아벨라르는 그렇게 부담스러운 상황에 어쩔 수 없이 빠져들어가는 것에 화가 날 것이기 때문에 결혼은 두 사람의 위대한 열정에 무덤을 파는 게 될 수도 있었다. 사랑이 식지 않도록 하기 위해서는 자신만의 집과 독립을 유지하는 것이 나았다. 그녀는 계속해서 "결혼생활보다는 사랑이, 족쇄보다는 자유"가 더 좋다고 주장했다. 당시로서는 전례가 없는(아마도 노골적으로 수치스러운) 입장을 택한 그녀는 자유연애가 부나 경제적 안정을 얻으려는 욕망에서 비롯된 수많은 결혼보다 훨씬 도덕적으로 우월하다고 주장했다.

죽음을 눈앞에 둔 사람이 가족과 성직자들이 지켜보는 가운데 사제로부터 마지막 성사를 받고 있다.

41

| 산티아고데콤포스텔라로 가는 순례여행 |

신앙심의 표현 혹은 회개의 행위로 간주되었던 성지 순례는 중세 유럽에서 인기가 많았다. 로마 다음으로 인기가 높았던 성지 중 하나가 에스파냐의 산티아고데콤포스텔라였다. 이곳은 에스파냐 어로 '산티아고'라고 알려진 사도 야고보의 무덤이 있는 곳으로 유명했다. 그곳까지 안전하게 가기 위해 어떤 여행자들은 순례자 안내서를 가지고 가기도 했다.

이 안내서에는 순례자들이 보게 될 명승지와 성소, 사람들에 대한 설명이 있었다. 예를 들어 푸아투 지방의 사람들은 잘생기고 관대하며 품성이 좋다고 한 반면, 가스코뉴 사람들은 "하찮은 것에 대해 너무 많이 얘기하고, 말이 많으며, 옷차림도 형편없다"라고 적고 있다.

순례여행은 산티아고 대성당에서 끝이 났다. 대성당 안의 높은 제단 아래에는 성 야고보의 시신을 담은 대리석 관이 놓여 있었는데, 안내서에 따르면 그 관은 "천상의 촛불로 환하게 장식되었으며 천사의 숭배로 끊임없이 찬미받았다"는 것이다. 순례자들은 성스러운 관을 만져본 뒤 야고보 성인의 상징인 조개껍질(아래)을 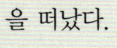 사고 나서 다시 집을 향해 먼 길을 떠났다.

순례여행 중에 순례자들은 순례자 안내서에 "가난한 자에겐 휴식을, 병자에겐 도움을, 죽은 자에겐 구원을" 준다고 씌어 있는 여인숙에서 식사를 했다.

성 야고보(왼쪽 끝)는 흔히 지팡이를 들고, 조개껍질로 장식한 모자를 쓰고, 여행가방을 메고, 아마도 가죽으로 제본한 듯한 성서를 든 콤포스텔라의 순례자로 묘사되었다.

1130년대 이름이 알려지지 않은 프랑스 사람이 라틴 어로 쓴 순례자 안내서는 현대 여행안내서의 원형이 되었다. 왼쪽은 이 책의 본문.

아래 지도는 프랑스를 거쳐 에스파냐 북서쪽의 산티아고데콤포스텔라로 가는 주요 순례 코스를 보여주고 있다.

필베르의 복수가 두려웠던 아벨라르는 엘로이즈에게 결혼을 설득했다. 이들 연인은 아기를 아벨라르의 누이에게 맡기고 파리로 돌아와 필베르가 보는 앞에서 결혼을 했다. 하지만 그들은 결혼한 사실을 감추려고 떨어져 살았다. 두 사람의 정상적이지 못한 결혼생활은 필베르를 불명예스럽게 만들었다. 결국 그는 친구들에게 아벨라르와 엘로이즈가 결혼한 것을 알리기 시작했다. 그 사실을 알게 된 아벨라르는 엘로이즈를 그녀가 어렸을 때 공부했던 아르장퇴유 수녀원으로 보냈다. 아벨라르는 엘로이즈를 만나러 최소한 한 번은 그 수녀원에 갔는데, 그때 그들은 성모 마리아에게 봉헌된 식당에서 사랑을 나누었다.

한편 엘로이즈를 수녀원에 보냈다는 소식을 들은 필베르는 아벨라르가 그녀를 버렸다고 확신했다. 그는 자신이 생각해낼 수 있는 복수 중 가장 잔인한 복수를 계획해 실행에 옮겼다. 아벨라르의 하인을 매수한 필베르는 어느 날 밤 절친한 친구 몇 명과 함께 아벨라르의 집으로 몰래 숨어들었다. 그들은 아벨라르가 침실에서 자고 있는 것을 보고 그를 거세한 뒤 도망쳤다. 두 명은 도망치다가 잡혔는데, 이들도 차례로 거세를 당하고 눈까지 뽑히고 말았다. 다음날 아침 이 이야기는 도시 전체로 퍼져나갔고 사람들은 경악했다. 아벨라르는 파리 근교에 있는 생드니 수도원으로 들어갔고, 바로 그날 엘로이즈도 아르장퇴유에서 수녀가 되었다. 그러나 그들의 이야기는 여기서 끝나지 않았다.

아벨라르가 엘로이즈를 만나기 7년 전, 피에르 아벨라르의 인생에서 중요한 역할을 할 운명을 타고난 22세의 베르나르두스라는 남자가 부르고뉴 공작의 군대와 함께 어느 성을 포위공격하기 위해 말을 타고 가고 있었다. 부르고뉴 귀족의 교육을 잘 받은 여섯 아들 중 하나였던 이 신앙심 깊은 청년은 교회에서 기도를 하려고 가던 길을 멈추었는데, 그는 바로 그 교회에서 언젠

가는 수도원에 들어가리라 맹세했다. 그런데 그때였다. 그는 갑자기 다른 사람도 함께 인도해 수도원으로 들어가라는 소리를 들었다. 그 뒤 몇 달 동안 그는 많은 친구들에게 설교도 하고, 꾀기도 하고, 애원도 하여 결국 많은 친구와 친척들과 함께 수도원으로 들어갔다. 같은 해인 1112년, 마침내 이 젊은 기사는 형제가 되겠다고 시끄럽게 떠들어대는 30명의 무리를 이끌고 시토의 수도원으로 걸어들어갔다.

따뜻하고 감성이 풍부한 베르나르두스는 공격적이고 가차 없이 개종시키는 사람이었으며 불 같은 기질을 가지고 있었다. 베르나르두스는 수도원에서 대단한 활약을 했는데, 그 수도원은 그때 개혁을 단행해서 베네딕투스 규율에 따라 철저히 운영되고 있었다. 3년이 채 지나지 않아 베르나르두스는 한때 도둑떼의 은신처였던 오브 강 근처의 잡초가 우거지고 황량한 클레르보라는 곳에 새로운 수도원을 지었다. 새 수도원을 짓는 수사들의 생활은 힘들었다. 베르나르두스는 전혀 희망이 보이지 않는 상황이 되면 기도를 했으며, 마치 그 기도에 대한 응답이라도 되는 것처럼 전혀 예기치 않은 기부금이 들어오곤 했다. 사실 클레르보의 베르나르두스는 전 생애 동안 기적을 만드는 자로 알려졌다.

베르나르두스가 속한 수도회는 시토 수도회로 알려졌다. 이 수도회는 매우 영향력 있는 수도원 조직 중 하나였다. 1134년에 이르러 시토 수도원의 수는 30개가 되었고, 베르나르두스가 죽을 무렵에는 350개로 늘어나 있었는데, 그중 164개는 베르나르두스가 직접 관할하는 수도원이었다. 또한 더욱더 많은 성인들이 수도원의 삶 속으로 들어갔으며, 시토 수도회는 성인들을 오블레이트나 어려서부터 수도원에서 자란 사람과 똑같은 자격으로 받아들이려는 생각을 처음으로 해냈다.

베르나르두스는 가장 단순하게 살려고 한 복잡한 인간이었다. 그는 피에르 아벨라르와는 반대로 매우 보수적인 견해를 가졌다. 그는 기독교를 지적으로

접근하는 것을 거부했는데, 그런 접근은 가난하고 교육받지 못한 사람들을 소외시킬 것이라고 걱정했다. 그는 믿음 하나만으로 영혼이 신과 신비롭게 합쳐질 수 있다고 믿었다. 그러나 아벨라르와 마찬가지로 베르나르두스도 종교적 논쟁을 즐겼다. 글을 쓰거나 말을 할 때 설득력 있고 세련된 표현을 구사했던 그는 자기의 신념을 열정적으로 옹호했다. 그러나 정작 그가 존경받았던 이유는 그가 발산하는 신성한 기운 때문이었다. 어떤 동시대인은 그의 몸은 "빈약하고 여위었으나 그의 눈은 천사 같은 순수함과 비둘기 같은 단순함으로 반짝였다"라고 기록하기도 했다.

베르나르두스는 수사의 전통적인 금욕생활을 저버린 형제에 대해서는 가차 없이 비난했다. 성직자로서 저질러서는 안 되는 것 중에는 신앙심 없이 기도를 읊는 것, 술에 취하는 것, 수도원 회랑에서 큰 소리로 싸우는 것, 공공연히 사유재산을 가지는 것, 정부(情婦)를 두는 것, 아이의 아버지가 되는 것 등이 포함되었다. 베르나르두스에 따르면 종종 수녀들도 더 나을 것이 없었다. 어떤 수녀원에서는 수녀가 뇌물을 받는가 하면, 예배 시간에 낄낄대거나 말다툼을 하고, 한창 유행하는 옷을 입고, 수사나 사제와 성관계를 가졌으며, 심지어는 약초를 먹고 낙태하는 짓까지 저질렀다.

"그의 눈은 천사 같은 순수함과
비둘기 같은 단순함으로 반짝였다."

베르나르두스는 특히 클뤼니의 베네딕투스 수도회 수사들이 좋은 옷을 입으려고 하는 것을 비난했다. 그는 "모자가 달린 수사의 옷을 사려고 이 마을 저 마을 배회하고 시장 구석구석을 돌아다니며 상점을 엉망으로 휘저어놓고 가장 눈에 잘 띄는, 그래서 가장 비싼 것을 구하려고 한다"고 말했다. 베르나르두스의 옷은 깨끗했지만 가난한 이의 것이었고, 그 옷 속에는 동물의 거친 털로 된 셔츠를—스스로에게 고통을 주는 것을 남에게 과시하지 않기 위해 남몰래—입었다. 그는 물에 적셔 부드럽게 한 빵과 묽은 수프를 먹었고, 포도주를 조금 마셨다. 그는 맛을 분별하는 능력을 없앰으로써 더 먹고자 하는 욕망을 잠재우려 했다. 아마도 베르나르두스는 자신의 높은 기준에 못 미치는 다른 성직자들에게 좀더 관용을 베풀었을지도 모른다. 어쨌든 많은 수사와 수녀들은 어린 시절 부모에 의해 수도원에 맡겨진 것이지 스스로 그렇게 엄격한 수도원을 선택한 것은 아니었으며, 그들 중 일부는 그런 생활에 적합하지도 않았다.

놀랍긴 하지만, 생드니 수도원의 게으름에 화가 났던 피에르 아벨라르도 베르나르두스가 한 많은 훈계에 동의했을지도 모른다. 아벨라르는 동료 수사들이 '사악한 삶의 방식'에 빠져 있다며, 그들을 그의 표현대로 '자주 그리고 신랄하게' 비난했다. 엄격함으로 칭송받았던 베르나르두스와 달리 아벨라르는 자기 스스로 '모든 이들로 하여금 그를 싫어하게' 만들었다는 것을 알고 있었다.

1130년 베르나르두스는 새 교황을 선출하는 에탕프 공의회에 참석했다. 그는 추기경들이 2명의 후보(인노켄티우스 2세와 아나클레투스)를 두고 의견이 갈린 것을 보고, 프랑스 왕실과 성직자들로 하여금 인노켄티우스 2세를 지지하도록 설득했으며, 유럽 전역을 돌면서 자신의 선택에 대한 지지를 호소했다. 피사로 몸을 피해야만 했던 인노켄티우스는 드디어 1137년 로마로 돌아와 자신의 교황권을 세웠다. 이 승리 이후 베르나르두스는 교단의 주요 세력이 되었다.

그의 업적과 견해를 고려해볼 때 베르나르두스가 장차 피에르 아벨라르에게 칼을 겨누게 되는 것은 아마도 피할 수 없는 일이었는지도 모른다. 수사가 된 뒤 아벨라르는 계속해서 글이나 강연을 통해 성서를 이성적으로 접근

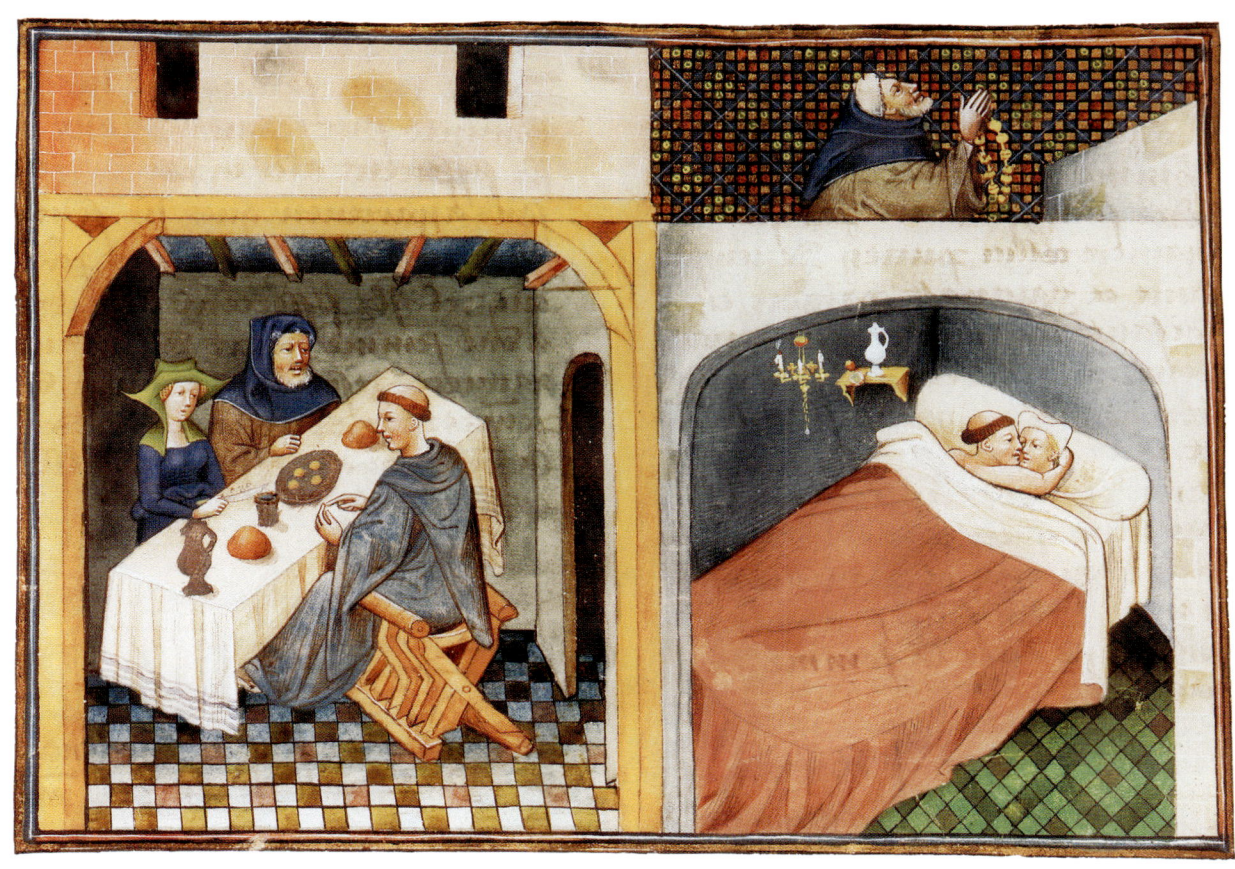

했다. 그는 철학적 추론도 신앙의 한 부분이 될 수 있다고 주장한 선구자들
중 하나였다. 이런 견해의 연장선상에서 그는 기독교 신학이 논리적이므로
예수 이전에 살았던 분별 있는 사람들이 성령이 예수로 구현될 것을 짐작했
을 수도 있으며 예수가 인간의 영혼을 구원한 것으로부터 혜택을 받을 수도
있다는 급진적인 생각을 개진했다.

　1121년, 아벨라르는 수아송에서 열린 성직자 위원회에 불려나갔다. 그는
스스로를 변호할 기회조차 갖지 못한 채 자신의 저서 〈신의 일체와 삼위일체
에 대하여〉를 비난자들이 보는 앞에서 불 속으로 집어던져야만 했다. 그런

다음 그는 구경꾼들의 야유를 받으며 강을 건너 그 지방 수도원의 감옥에 갇혔다. 그는 그곳에서 생드니로 돌아갈 때까지 한동안 괴로운 나날을 보냈다.

1년 뒤 아벨라르는 한 뙈기의 땅을 하사받아 진흙과 이엉으로 조그마한 예배소를 짓고, 성령의 이름이자 위안자라는 뜻의 '파라클레'라고 불렀다. 그는 은둔자가 되기로 결심했지만, 곧 그를 찾아낸 학생들에게 둘러싸였다. 1125년, 어떤 공작이 아벨라르에게 자신이 소유하던 브르타뉴의 생길다스드뤼 수도원 원장이 되도록 주선했다. 그 수도원은 느슨하기로 악명 높은 곳이었다. 아벨라르는 4년간 생길다스드뤼 수도원의 수사들을 선도하려는 시도를 하면서 우울하게 보냈는데, 이들 중 일부는 정부와 자식까지 두고 있다는 얘기도 있었다. 아벨라르 자신의 과거를 고려해볼 때 그것은 얄궂으면서도 위험스러운 일이었다. 아벨라르는 형제들의 적개심이 너무나 커서 자신을 독살하려 했다고 주장했다. 한번은 그가 음식이 담긴 접시를 엎었는데, 그것을 먹은 수사가 그만 죽어버리는 일이 발생했기 때문이다.

그 무렵 아벨라르는 전 애인 엘로이즈가 처한 곤경 때문에 새로운 인생의 목적을 가지고 새 출발을 했다. 엘로이즈는 25세의 나이에 아르장퇴유에서 소수도원장이 되었다. 그녀가 그렇게 빨리 높은 지위에까지 오른 것은 지성과 교양은 물론 탁월한 행정력도 가지고 있었음을 증명해주는 것이었다. 엘로이즈와 아벨라르가 서로 떨어져 있어도 상대방의 발전에 지대한 관심을 가지고 지켜보고 있었다는 것은 의심할 바 없다. 그러던 차에 아벨라르는 과거 그가 데리고 있던 생드니 수사들 때문에 엘로이즈와 수녀들이 곤경에 빠졌다는 사실을

알았다.

생드니 수도원장은 아르장퇴유 수녀원 땅에 대한 권리가 있다는 것을 알았다. 그는 아르장퇴유 수녀들의 잘못을 고발하고 수녀원을 해산시켜 그 땅을 자신의 수도원으로 환수시켜야 한다고 주장했다. 엘로이즈 개인에 대한 고발은 없었다. 또 제멋대로라고 비난받은 자매들의 행위에 대해 엘로이즈가 책임져야 한다는 주장도 없었다.

엘로이즈가 곤경에 처한 사실을 알게 된 아벨라르는 그녀를 돕기로 결심했다. 그는 엘로이즈에게 파라클레에서 만나자는 말을 전한 뒤, 한때 정부이자 아내였던 그녀와 만나기 위해 말을 달려 프랑스를 절반이나 가로질러왔다. 드디어 두 사람은 각자의 엄숙한 수도회, 수녀회 복장을 하고 서로 얼굴을 마주보고 섰다. 아직도 20대 후반의 젊은 여인이었던 그녀와 피곤에 지친 50대의 그는 로맨틱한 추억 속에 빠졌고 여전히 서로에 대해 열렬한 사랑의 감정을 느꼈다.

아벨라르는 엘로이즈에게 파라클레의 땅을 주겠다는 관대한 제안을 했다. 그곳에다 엘로이즈와 그녀를 따르는 정예의 수녀들이 새로운 수녀원을 짓고 그녀가 수녀원장이 되라는 것이었다. 이 제안은 1131년에 이르러 주교와 교황 모두의 승인을 받았다. 아벨라르는 그녀가 수녀원을 운영하는 것을 보고 "신께서는 다른 수녀들보다 높은 지위에 있는 나의 누이에게 은총을 허락하셔서, 주교들은 그녀를 딸처럼, 수도원장들은 누이처럼, 신도들은

종교학자로서 이룩한 큰 업적에도 불구하고 피에르 아벨라르는 그의 제자였던 엘로이즈와의 사랑으로 더 많이 기억되고 있다.

어머니처럼 사랑했다"라며 극찬했다.

수녀들이 파라클레에 정착하기 시작한 때부터 아벨라르는 그들을 위해 지칠 줄 모르고 일했다. 그는 찬송가, 전례, 설교 모음집과 같이 수녀원에 유익할 것 같은 자료가 있으면 그것을 전해주기 위해 종종 엘로이즈를 방문했다. 그런 수고에 대한 대가로 아벨라르는 그 어떤 곳도 그에게 제공할 것 같지 않은 선물을 받았다. 그것은 바로 그의 저서를 보관하는 도서관과, 자신의 수사들은 물론 교회 인사들의 적대감을 피할 수 있는 은신처였다.

아벨라르 생애의 마지막 10년 동안 그의 글은 베르나르두스의 공격을 받았다. 베르나르두스는 〈피에르 아벨라르의 과오에 대한 논문〉을 썼으며, 1140년에는 아벨라르를 이단 혐의로 고발했다. 아벨라르는 죽기 전 몇 해를 베르나르두스의 고발에 맞서 싸우면서 교황의 최종 판결을 요청했다. 그러나 판결이 나기도 전에 아벨라르는 살아날 가망이 없는 병에 걸리고 말았다. 1142년 아벨라르는 63세의 나이로 죽기 바로 전, 당시 사제가 되었던 아들 아스트롤라브에게 도덕적 교훈이 담긴 시를 지어 보냈다.

베르나르두스의 비난에도 불구하고 결국 승리는 아벨라르의 것이었다. 훗날 성직자들은 아벨라르의 저서에 대한 그의 설명은 잘못되었으며, 베르나르두스의 공격은 너무 지나쳐서 덕망 있는 수사가 할 행동은 아니었다는 데 동의했다. 베르나르두스가 문제시했던 시각은 당시로서는 새로운 것이었지만 결국 주류의 교리로 받아들여졌던 것이다.

엘로이즈는 1164년 죽을 때까지 자신의 훌륭한 명성과 파라클레의 명성을 지켰다. 1131년 파라클레를 방문했던 베르나르두스까지 '천사처럼' 환영받았다는 글을 썼는데, 아마도 그녀의 친절만큼이나 사려가 깊음을 잘 말해주는 듯하다. 그러나 그녀는 수녀로서의 삶에 완전히 만족하지 않았다. 그녀는 아벨라르에게 보낸 편지에서 자신을 끊임없이 괴롭히는 불행한 속내를 드러내기도 했다. 그녀는 "당신의 뜻에 따르기 위해 모든 즐거움을 포기"했다고 쓰기도 했고, 수녀가 되라는 그의 지시를 "내 자신을 부서뜨리는 명령"이었다고도 했다. 그러나 그녀는 "당신만이 저를 슬프게도 하고 행복하게도 하는 힘을 갖고 계십니다"라며 변치 않는 애정을 표현하기도 했다. 이와 대조적으로 아벨라르의 편지는 철학적인 조언과 더불어 그녀에게서 느꼈던 것이 사랑이 아니라 육욕이었다는 고백으로 가득 찼다.

이들이 오래도록 유명한 것은 엘로이즈가 파라클레에서 보낸 처음 10년간 주고받은 편지 때문이다. 꾸짖고, 물어보고, 토론하고, 때로는 그들의 열렬했던 연애를 회상하기도 하면서 아벨라르와 엘로이즈는 자신들의 영적 관심사를 탐구했던 것이다. 그리고 그 편지를 통해 그들의 사랑은 전설이 되었다.

ESSAY _ 1 | 수도원 생활

성 베네딕투스는 '베네딕투스 규율'이라 알려진 수도자들의 행동지침에서 이렇게 명령했다. "그대가 누구든 자신의 의지를 포기하고 복종이라는 강하고 빛나는 무기를 집어들어라." 중세 전반에 걸쳐 많은 이들이 베네딕투스의 명령을 마음에 새기면서 서유럽 전역에 등장한 수도원과 수녀원으로 몰려들었다. 결국 10여 개가 넘는 수도회가 만들어졌으며, 그중에는 남자는 물론 여자들을 위한 부속단체를 가지고 있는 곳도 많았다.

외부세계에 대한 의존도를 줄이기 위해 성 베네딕투스는 "수도원은 물, 방앗간, 정원, 여러 가지 수공예품을 만들어내는 작업장 등과 같이 기본적인 모든 것이 수도원 담장 안에 있도록 설계해야 한다"고 명령했다. 수도원의 우두머리인 대수도원장(왼쪽)의 지휘하에 담장 안 수도원 단지는 거주자들의 섭생에 적합하도록 설계되었다. 수도원의 영적 중심지인 교회는 항상 가장 압도적인 건물이었다. 다른 건물에는 수도자들의 공동생활을 위한 식당과 공동침실 등으로 쓰이는 커다란 방이 있었다.

수사와 수녀들은 비록 사회와 떨어져 지냈지만 사회에서 내쫓긴 사람들은 아니었다. 실제로 그들은 많은 사람의 존경을 받았으며, 수도원 생활은 이상적인 것으로 여겨졌다. 수도회들은 넓은 지역을 개방해 사람들이 정착해 살 수 있도록 하고, 배우지 못한 사람들을 가르치며, 궁핍한 이들을 돌보는 것 등으로 사회에 많은 기여를 했다.

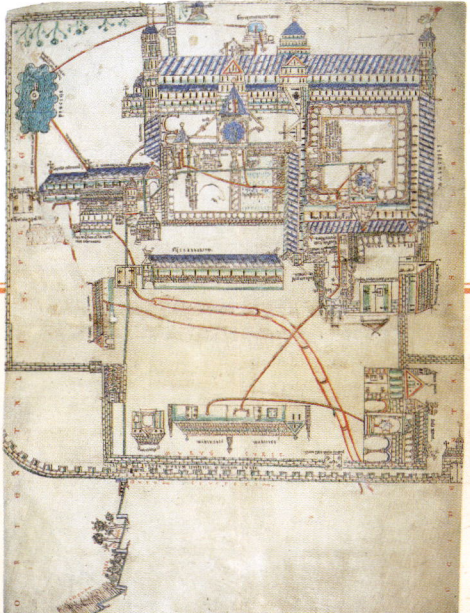

프랑스 남부의 생마르탱뒤카니구 수도원은 낭떠러지 위에 자리잡고 있다. 이렇게 고립된 곳에 자리한 것은 속세의 유혹으로부터 수사들을 보호하는 역할을 했다.

자급자족하는 12세기 수도원의 모습을 잘 보여주고 있는 캔터베리의 베네딕투스 수도회 수도원 그림. 빨간 선으로 표시된 수도관이 물 저장소로부터 부엌 정원, 식당, 그리고 55개의 화장실로 이어져 있다.

하나님의 과업

서약을 마친 뒤 수련 수사(오른쪽)가 속세의 유혹을 상징하는 날개 달린 악마를 등에서 떼어낼 수도복을 받고 있다. 수도원 공동체에 들어간 뒤 수련 수사는 베네딕투스 규율에 규정된 일곱 번의 정기예배를 드리면서 하루 중 상당 부분을 동료 수사들과 함께(위) 교회에서 보냈다.

수도자들은 깨어 있는 시간의 꼬박 절반을 '하나님의 과업'이라는 뜻의 '오푸스 데이(Opus Dei)'라고 알려진 기도를 드리면서 보냈다. 성 베네딕투스는 수도자가 해야 할 가장 중요한 일로 공동예배를 손꼽았다. 그는 "성무일도(聖務日禱)를 알리는 신호를 들으면 어떤 일을 하고 있었더라도 즉시 일을 중단하고 전속력으로, 그러나 근엄함을 유지하면서 서둘러 가야 한다… 그 어느것도 성무일도보다 먼저 해야 할 일은 없다"라고 가르쳤다.

자정 직후부터 다음날 저녁까지 공동체는 궂은 날씨를 피하도록 천장을 씌운 회랑을 일정한 시간마다 조용히 지나 예배를 드리러 교회로 갔다. 이곳에서 수도자들은 기도하고 찬송가를 부르고 복음을 읽거나 미사에 참석했다. 전례는 시간이나 날, 계절에 따라 달랐으나, 공동예배에 소요된 시간은 하루 평균 약 5시간 정도였으며, 개인적으로 하는 기도와 명상으로 4시간을 더 보내곤 했다.

수도자들은 이처럼 지극한 신앙심을 통해 육신의 유혹을 극복하고 마음과 영혼을 신께 열 수 있길 희망했다. 베네딕투스는 힘들긴 해도 묵상생활은 현생은 물론 다음 생에서도 보답을 준다고 말했다. "하나님의 계율의 길에는 말로는 표현할 수 없는 사랑의 달콤함이 흘러넘친다. 그러므로 죽을 때까지 수도원에서 인내하면서… 우리의 인내심으로 그리스도의 고통을 나눌지어다. 그리하면 주의 왕국에 들어갈 자격이 있나니…."

우아한 기둥이 줄지어 선 시칠리아의 몬레알레 수도원 회랑.

몸과 마음

수도자의 생활은 모든 면에서 엄격하게 통제되었다. 베네딕투스의 규율은 형제들에게 하루 한 끼와 차가운 저녁 간식만을 권했다. 그 한 끼마저 매우 간소한 것이 될 수도 있었다. 베네딕투스는 "요리는 항상 두 가지씩 차려내야 하며… 그 정도면 하루 식사로 충분하다고 생각한다"라고 말했다. 빵이 주식이었고 달걀, 치즈, 생선, 채소가 곁들여졌다.

수사들은 함께 식당의 지정된 좌석에서 식사했다. 말하는 것이 금지되었기 때문에 형제들은 정교한 수화를 만들어냈다. 예를 들어 목구멍으로 손을 가져다대는 것은 식초를 달라는 신호였는데, 수사들이 사용한 신호가 최소 100개 정도 기록으로 남아 있다. 형제들이 식사를 하는 동안 낭독자(lector)라 부르는 수사 한 명이 성서나 기도서의 한 구절을 읽음으로써 심신 모두를 채워주는 식사시간이 될 수 있도록 했다.

식사가 끝난 후 수사들은 성서와 기타 종교 서적을 읽고 해석하면서 얼마간 시간을 보냈다. 당시의 책들은 양피지에 손으로 씌어졌기 때문에 비싸고 귀했다. 수도원 도서관의 규모를 늘리기 위해 대수도원장은 수사들로 하여금 책을 베껴 쓰도록 하기도 했는데, 이를 위해 스크립토리움(scriptorium)이라는 필사실을 특별히 따로 만들었다. 책을 베끼는 일은 고전을 보존하는 데 기여했을 뿐 아니라 수도원 부설학교에서 사용할 수 있는 교육자료도 제공했다. 필사 작업을 영적으로 매우 은혜로운 일이라고 한 베네딕투스는 "그대가 적는 단어 하나하나가 악마에게 날리는 주먹이다"라고 말했다.

필사실에서 수사들이 옮겨 적은 책(아래) 중에는 베르길리우스와 오비디우스의 작품과 같은 고전과 과학서, 학술서 등이 포함되었다. 사라져버릴 수도 있었던 지식이 이런 식으로 다음 세대에 전해졌다. 월링퍼드의 리처드(위) 같은 성직자들은 이런 책을 통해 전례력을 고안해내기도 했다. 이 그림에서 그는 컴퍼스와 자를 사용해 별의 위치를 보며 날짜와 시간을 계산해내는 도구인 아스트롤라베를 만들고 있다.

수녀 한 명이 식사시간에 큰 소리로 낭송하고 있다(왼쪽). 프랑스 루아요몽 수도원의 넓은 식당이 내려다보이는 곳에 위치한 중세풍의 낭독자석에는 오르간이 놓여져 있다(오른쪽).

일하는 것이 곧 기도하는 것

예비 수도자들은 수도원에 들어오자마자 '라보라레 에스트 오라레(laborare est orare)', 즉 '일하는 것이 곧 기도'라는 격언을 자주 듣게 된다. 베네딕투스 규율에 의하면, 수도자들은 하루 최소 3시간씩 육체노동을 해야만 했다. 이것은 깨어 있는 동안 예배를 올리거나 공부를 하지 않는 시간은 모두 일을 해야 한다는 것을 뜻했다. 이렇게 함으로써 매일매일 활동하게 되는 것이며, 베네딕투스가 '영혼의 적'이라고 말한 게으름을 방지할 수 있었다.

그러나 얼마 지나지 않아 많은 수도원들이 이런 조건을 완화시켰다. 잦은 예배는 들에서 일하는 시간을 방해했으며, 대개 귀족가문 출신이었던 수도자들은 힘든 일을 맡기고 싶어했다. 결국 그들 대신 농민들이 수도원 땅에서 농사짓는 일 대부분을 떠맡았고, 평신도 형제나 하인들이 요리하고, 빵 굽고, 이발하고, 옷 만드는 일을 떠안았다. 11세기 말 개혁 성향의 시토 수도회는 "우리 수도회 수사들이 먹는 음식은 직접 우리 자신이 농사짓고 가축을 키우는 것으로부터 나와야 한다"라고 주장하면서 수도회의 일과에 노동의 개념을 다시 끌어들였다. 그러나 수도자 대부분의 하루 일과는 맥주를 만들고 옷을 수선하는 것같이 힘이 덜 드는 잡일이 대부분이었다.

수사들이 수도원의 땅을 갈고 있는 한편에서 동료들이 가벼운 음식을 먹으며 휴식을 취하고 있다(아래). 수도원은 수도자들이 먹고 마시는 것을 모두 충족시킬 만큼 자급자족했다. 수도원의 식료품 담당자(위)가 하는 일 중에는 귀중한 식료품 창고 열쇠를 간직하고 포도주를 맛보는 것도 포함되었다. 거의 모든 수도원에서 식사와 함께 마실 맥주(제한된 양이지만)를 자체적으로 만들었다(오른쪽).

프랑스 퐁트브로 수도원의 부엌 정원에는 지금도 수사들의 식탁에 올라갈 채소가 자란다.

2 :: 충성스러운 사람들

투석기 바구니에 어린 소년이 들어 있는 것만 제외하면, 그 것은 다른 전투—잉글랜드의 왕좌를 지키려고 안간힘을 쓰 는 스티븐 왕과 그의 도전자이자 헨리 1세의 딸인 마틸다 여왕 사이에 일어난 오랜 내전의 사소한 재발—와 다를 게 없었다. 스티븐에게 충성하는 무리들은 런던 서쪽 뉴버리의 성을 포위공격했 다. 무뚝뚝한 존 마셜이 이끄는 마틸다 여왕의 군사들은 요새 안에서 꿈쩍도 하지 않고 있었다.

전투가 이 단계에 이르기까지(때는 1152년이었다) 양측의 군사들은 너무 많 은 싸움을 경험했다. 그러던 차에 존 마셜이 하루 동안 휴전하자는 전갈을 보내자 군사들은 고마워했다. 마셜은 스티븐 왕이 잠시 싸움을 멈춘다면 마 틸다 여왕을 설득해서 성을 포기하도록 해보겠다고 약속했다. 술책일 수도 있다고 의심한 스티븐 왕은 마셜이 그의 막내아들 윌리엄을 인질로 보내 그 약속을 보증할 수 있을 때에만 비로소 휴전 제안에 동의하겠다고 했다. 존 마셜은 조금도 망설이지 않았다. 이제 5세가 된 그의 아들은 아버지가 한 약 속에 대한 담보로 지체 없이 적군의 진영으로 보내졌다.

그러나 존 마셜은 자신이 한 말을 지킬 생각이 전혀 없었다. 대신 그는 잠

백년전쟁 중 브레스트 포위공 격에서 잉글랜드 병사들이 사 다리와 사석포를 사용해 프랑 스 병사들을 공격하고 있다. 중 세 군사작전의 중요한 한 부분 이었던 포위공격은 전투가 장 기간 지속될 때가 많았다. 이때 군사들은 적의 성곽을 돌파하 려 했으며, 식량공급이 끊어진 적은 서서히 굶어죽었다.

시 전투가 멈춘 틈을 타서 더 많은 양식과 새 병력을 충원했다. 분노한 스티븐 왕은 자신이 당한 모욕을 가벼이 여기지 않을 것임을 분명히 했다. 소년 윌리엄은 성문 바로 앞에서 잔인한 죽음을 당하게 될 처지가 된 것이다.

스티븐 왕으로부터 이 무자비한 소식을 가져온 전령은 존 마셜의 대답을 기다렸다. 만일 마셜이 항복할 것이라고 기대했다면, 왕이 그의 강철같이 굳은 결심을 몰라서였을 것이다. 앞선 전투에서 마셜은 버려진 교회에 갇힌 적이 있었다. 그러나 그는 스티븐의 군사들이 교회 지붕에 불을 지르고 뜨거운 납덩어리를 퍼부을 때에도 항복을 거부했다. 비록 눈 하나는 잃었지만 마셜은 끝내 버텨냈던 것이다.

이제 어린 아들의 목숨이 저울질되고 있었지만 전투의 상처가 남아 있는 마셜의 얼굴에는 어떤 감정의 동요도 보이지 않았다. 이 도전적인 전사는 왕에게 아이의 목숨을 마음대로 하라고 했다. 마셜은 어쨌든 자신에게는 아직도 "또 다른 아이, 아니 더욱더 잘난 아이를 만들어낼 수 있는 망치와 용광로가 있다"고 자랑했다.

마셜의 대답은 왕의 결심을 더욱 굳혀줄 뿐이었다. 커다란 공성 투석기가 전선으로 옮겨졌다. 투석기의 무거운 발사대는 무게 70kg의 돌을 180m까지 멀리 쏘아보내 웬만한 성의 돌벽은 모조리 박살낼 수 있을 정도였다. 드디어 그 운명의 날에 왕의 군사들은 투석기 바구니에 어린 윌리엄 마셜을 앉혔다. 소년은 이 모든 광경이 마냥 즐겁기만 한 듯 보였다. 그는 어깨 너머로 즐겁게 소리치며 사람들이 무슨 놀이를 하고 있는 건지 알고 싶어했다.

그러나 결국 스티븐은 아무 죄 없는 소년을 죽일 만한 배짱이 없었다. 존 마셜은 왕의 허세에 도전했고 결국 이겼다. 스티븐은 뉴버리에서 군대를 철수시켰으나 윌리엄은 그 아버지의 배반에 대한 벌로 붙들어두었다. 소년은 너무 어려서 왕정에서 아무 쓸모가 없었지만 어쨌든 왕은 그를 가까이 두고 심지어 가끔 함께 밀짚 기사 놀이를 하기도 했다. 한편, 존 마셜은 마틸다 여

중세의 화려한 나무 조각상. 부르봉의 이사벨의 무덤을 장식한 이 조각상들은 그녀의 유명했던 친척들을 묘사하고 있다. 왼쪽에서 오른쪽으로 각각 브라반트의 요한 4세, 하이놀트의 야코바, 바바리아의 알브레히트, 선량공 필리프, 부르고뉴의 마리아의 조각상.

왕을 위해 다시 전투에 나섰다. 그가 어린 윌리엄을 생각했더라면 자신의 운명에 숙명 같은 것을 느끼지 않을 수 없었을 것이다. 어쨌든 그는 4년 뒤 전쟁이 끝나고 스티븐이 아이를 가족에게 돌려보냈을 때에야 아들을 다시 볼 수 있었다.

존 마셜이 살았던 시대의 사람들이 대체로 자식의 안위에 대해서 무관심했다고 말할 수는 없을 것이다. 자기 아들이 탑 끝에 대롱대롱 매달려 있는 것을 본 어느 아버지는 아들이 떨어져 죽는 것을 보기보다는 적의 요구에 항복해서 스스로 거세했다는 기록도 있다. 그러나 마셜은 어느 쪽이냐 하면, 감정을 드러내지 않고 고통을 참는 것을 남자의 미덕으로 여기는 부류였다. 그에게는 위기에 의연하게 대처하는 것이 남자다운 태도였던 것이다.

변절과 은밀한 음모가 난무하는 세계에서 살아남기 위해서는 어느 정도의 냉정함이 필요했다. 유럽의 왕정은 소문과 중상모략의 온상이었다. 공작이나 남작, 그보다 낮은 지위의 귀족들이 전반적인 혼란을 틈타 공공연히 도둑질을 하고 이를 통해 자신의 힘을 키워갔다.

이런 위험한 시대에 왕이건 귀족이건 모두 급여, 또 때로는 약탈을 보장하는 대신 자기를 보호해줄 전사들을 거느리고 가문을 튼튼히 만들었다. 이런 전사들은 주인이 그 비용을 지불한 갑옷, 투구, 주인의 문장과 색으로 된 부속물 등으로 무장했다. 시간이 지나 그들은 기사라고 알려지게 되었고, 그들의 높은 사기와 군사의식, 엄격한 행동규범은 전설이 되었다. 12세기 말에 무장한 기사는 기사도라고 알려진 명예심과 의무감의 표본이 되었다. 기사도(chivalry)는 '말 탄 전사가 하는 것'이라는 뜻의 프랑스 어 '슈발라리(chevalarie)'에서 나온 말이다. 그러나 영혼을 움직이는 이런 시절은 스티븐 왕의 통치시기보다 뒤의 일이었고, 스티븐 왕이 지배하던 시기에 일어난 유혈과 비극의 상당 부분은 1120년에 일어

크레시 전투에서 무장한 프랑스 병사들(그림에서 전쟁터 왼쪽)이 잉글랜드 군대가 진격해오자 퇴각하기 시작하고 있다. 이 전투에서 긴 활(long-bow)과 전략적인 계획으로 전투에 혁명을 불러일으키며 압도적인 승리를 거둔 잉글랜드 병사들은 겨우 100명의 전사자를 낸 반면, 프랑스는 1,500명의 전사자를 냈다.

난 사건에서 어느 정도 그 기원을 찾을 수 있다.

당시 잉글랜드는 스티븐의 삼촌이었던 헨리 1세 치하에서 평화와 안정의 시대를 구가하고 있었다. 사실 헨리의 아버지 정복왕 윌리엄이 권력을 잡은 1066년 이후 대체로 평온한 세월이 계속되었다. 이제 노년에 접어든 헨리는 자신의 아들 윌리엄에게 평화롭게 권력을 넘겨주려 했다.

그러던 중에 비극적인 불운으로 말미암아 헨리의 주도면밀한 계획은 산산조각이 나고 말았다. 전에도 여러 차례 그랬던 것처럼 그는 왕실과 신하들을 거느리고 노르망디를 출발해 영국해협을 건넜다. 왕은 자신의 배로 움직였고 무사히 잉글랜드에 도착했다. 윌리엄은 다른 왕가 식솔과 신하들 대부분이 함께 타 북적대는 화이트 선이라는 배에 올라탔는데, 그 배는 왕실이 보유한 모든 배 중에서 가장 훌륭했다고 한다.

왕이 없으므로 행동을 조심할 필요도 없었고 날씨도 쾌청했다. 그때를 틈타 왕가 식솔과 신하들은 배 위에서 흥겨운 시간을 보냈다. 선원들은 포도주와 독주가 담긴 술통을 열었고 왁자지껄 흥겨운 분위기가 계속되었다. 그러나 그들은 너무나 흥에 겨웠던 나머지 배가 울퉁불퉁한 바위에 부딪혀 나무로 된 선체가 부서지는 것조차 알아채지 못했다. 화이트 선은 흔적도 없이 가라앉아버렸고, 그때 왕위 계승자, 배에 탄 왕실 사람들, 신하들, 선원들도 모두 함께 가라앉았다. 유일한 생존자는 푸주한 한 사람이었는데, 그는 죽기 직전 가까스로 해변에 닿아 사고 소식을 알렸다.

헨리 1세의 계획은 한 순간에 물거품이 되어버렸다. 평화롭게 권력을 넘기려던 그의 모든 희망은 외아들 윌리엄의 어깨에 달려 있었다. 사고 소식을 들은 왕은 기절해버렸고 그후로는 결코 웃지 않았다고 한다.

나이 든 홀아비 헨리는 혈통을 보존하기 위해 자신이 할 수 있는 일은 다 했다. 그는 새로 아내를 얻어 아들을 낳아보려고 했지만 성공하지 못했다. 그러던 중 독일 왕가로 시집보낸 딸 마틸다가 갑자기 과부가 되자 헨리는 그 기회를 잡아챘다. 그는 마틸다에게 잉글랜드로 돌아와 세력가 집안 앙주 백작의 15세 된 아들과 결혼할 것을 강요했다. 그것은 그다지 행복한 결혼은 아니었지만 그 결과는 바람직했다. 1133년 헨리 왕에게 헨리라는 같은 이름의 손자를 안겨주었던 것이다.

헨리 왕이 10년 정도만 더 살았어도 잉글랜드는 훨씬 고통을 덜 겪었을지도 모른다. 그러나 불행히도 헨리는 손자가 겨우 2세가 되었을 때 장어를 먹고(전에도 장어는 그의 비위에 맞은 적이 없었다) 급체로 사망했다.

왕위 계승을 둘러싼 분쟁은 불가피한 일이었다. 한쪽에서는 마틸다와 왕위 계승 권한이 가장 큰 그녀의 두 살배기 아들에게 충성했다. 그러나 잉글랜드의 힘센 귀족들은 여왕을 별로 좋아하지 않았다. 더구나 인생의 대부분을 독일에서 보낸 사람에 대해서는 특히 그러했다. 헨리 1세가 뜻밖의 죽음을 당하기 전부터 마틸다의 오만한 행동은 작고한 왕이 좋아했던 조카 스티븐에게 왕권에 도전할 빌미를 제공했다.

몇 차례의 사소한 충돌이 있은 뒤, 불안에 빠진 잉글랜드는 스티븐을 지지했다. 그는 헨리 1세가 죽은 지 3주도 채 되지 않아 웨스트민스터 대수도원에서 왕관을 썼다. 잉글랜드는 19년간 스티븐의 불안정한 통치하에서 비틀거렸다. 공포에 질린 어느 연대기 저자는 "모든 부자들은 자신만의 성을 지었고 왕에게 대항했다"라고 썼다. "그들은 불쌍한 시골 사람들을 잔인하게 억압해 성을 짓는 데 강제 동원했으며, 성이 완성되면 악마와 사악한 사람들로 그 성을 가득 채웠다. 그런 다음 재산이 있을 것 같은 사람들, 남녀 일꾼들을 밤이건 낮이건 데려다 감옥에 가두고 금은보화를 빼앗기 위해 말로 다 할 수 없는 고문을 가했다… 나는 이 땅의 비참한 사람들에게 가해진 그 모든 상처와 고통을 감히 말할 수도, 말하지도 못하겠다. 이런 상황은 스티븐이 왕으로 있는 동안, 겨울이 열아홉 번 지날 때까지 계속되었고, 사정은 갈수록 더 나빠졌다."

이런 음울한 구름이 잉글랜드를 뒤덮고 있는 동안 마틸다의 아들 헨리는 성장했고 왕좌를 되찾으려는 계획을 세우기에 이르렀다. 노르망디의 공작으로서 헨리는 튼튼한 권력기반을 가지고 있었다. 그러나 스티븐은 크게 걱정하지 않았다. 헨리는 14세에 왕관을 되찾으려는 시도를 했지만 그 시도는 실패로 끝났고, 스티븐에게 노르망디로 돌아갈 경비를 구걸하는 처지가 되고 말았다. 그래서 약간 더 나이가 들고 현명해진 헨리가 잉글랜드로 돌아와 어느 힘센 백작에게 지원요청 협상을 시작했어도 스티븐은 눈썹 하나 까딱하지 않았다. 그는 관대하게도 아예 그 골칫거리인 백작에게 땅을 하사해 매수했다. 또다시 헨리는 빈손으로 노르망디로 돌아갔다.

얼마 지나지 않아 헨리의 운명에 프랑스 왕 루이 7세의 아내인 아키텐의 엘레오노르가 등장했다. 이 프랑스 왕실 부부의 결혼상태는 불안정했기 때문에 전 유럽의 걱정거리였다. 이들 부부가 교황을 방문했을 때, 교황이 큐피드 역할을 자청하고 나서서 숙소를 같이 쓰라고 권할 정도였다.

유감스럽게도 교황의 노력도 헛되이 1152년 이 왕가의 결혼은 끝이 났다. 엘레오노르는 즉각 젊고 야심만만한 귀족들에게 매력적인 모든 자질(아름다움과 지성, 그리고 엄청나게 많은 영토)을 갖춘 유럽 최고의 신붓감이 되었다. 그녀가 선대로부터 물려받은 아키텐은 루아르 계곡에서 피레네 산맥에 이르는 프랑스 남서부 전역에 걸쳐 있었다. 영국과 프랑스 전역에서 젊고 열렬한 구애자들이 관심을 끌려고(때로는 강제로) 몰려드는 바람에 엘레오노르가 전남편의 궁에서 돌아오는 여행길이 위험해지기도 했다. 투르 근처에서는 헨리의 동생으로 18세 된 제프리의 습격을 받기도 했는데 그는 자신이 엘레오노르를 차지하려는 계획을 세웠던 것 같다. 엘레오노르의 호위대가 겨우 그의 접근을 막아냈고, 일행은 루아르를 지나갈 수 있었다.

무사히 자신의 영토 안으로 들어온 엘레오노르는 자신을 위해서 두 번째 남편은 신중히 골라야겠다고 다짐했다. 그녀는 곧 젊은 헨리에게 관심을 가졌다. 엘레오노르는 전에 송골매를 손목에 앉히고 모자에 멋진 꽃을 꽂은 그가 말을 타고 땀을 흘리며 천둥처럼 들판을 질주하는 모습을 얼핏 보고 깊은 인상을 받았다고 한다.

엘레오노르는 아키텐 공작령 전체를 지참금으로 가지고 기꺼이 그의 아내가 되겠다는 전갈을 헨리에게 보냈다. 헨리는 서둘러 이를 받아들였다. 그리하여 엘레오노르와 루이의 결혼이 무효로 돌아간 지 두 달도 채 되지 않은 5월 18일, 노르망디의 공작과 아키텐의 공작부인은 결혼했다.

엘레오노르가 헨리보다 11세가 더 많았지만, 결혼의 출발은 아주 순조로웠다. 그 결합으로 두 사람은 서로 얻은 것이 많았다. 엘레오노르는 자신의 운명을 떠오르는 젊은 세력가에게 묶어둠으로써 이제는 원치 않는 구혼자들로부터 안전하게 지낼 수 있었으며, 헨리는 프랑스에서 이미 엄청났던 그의 권력을 더욱 확대시킬 수 있었다. 엄격히 말하면 헨리는 루이왕의 봉신이었지만, 이제 실질적으로는 루이 왕보다 더 넓은 프랑스 땅을 통치하게 된 것이다.

새로운 힘으로 든든해진 헨리는 자신의 지지자들을 모아 이번에는 왕으로서의 권위와 자신감을 가지고 1153년 다시 한번 잉글랜드로 건너갔다. 한편, 스티븐의 왕좌는 훨씬 더 약해져 있었다. 잉글랜드의 강력한 귀족들은 더 이상 스티븐을 지지하지 않았는데, 이유 중 하나는 스티븐이 교회 성직자들을 분별 없이 다루었기 때문이다. 한때 솔즈베리의 주교는 외양간에 감금되기도 했고, 캔터베리의 대주교는 프랑스에서 열리는 교회 회의에 참석해도 좋다는 허락을 받지 못해 그의 충실한 서기 토머스 베켓과 함께 다 망가진 배로 몰래 영국해협을 건너야 했다.

스티븐과 헨리 모두 앞으로 있을지도 모르는 충돌을 위해 군대를 키웠지

프랑스 퐁트브로라베이에 있는 잉글랜드의 헨리 2세와 그의 아내 아키텐의 엘레오노르의 무덤 조상. 그들이 함께했던 격동의 삶과는 대조적으로 고요한 안식 속에 누워 있다.

만, 어느 누구도 싸움에 열광한 것 같지는 않다. 둘의 군사는 맘스버리에서 맞부딪쳤으나 스티븐은 재빨리 군사를 철수시키며 도시와 성을 젊은 도전자에게 넘겨주었다.

시간은 헨리의 편이었다. 한달 두달 시간이 지날수록 더 많은 귀족들이 그의 편으로 넘어왔으며, 반대로 그의 권리에 반대하던 나이 든 귀족들은 죽어갔다. 스티븐의 통치에 결정적인 일격을 가한 것은 그의 아들 외스타슈의 돌연한 죽음이었다. 스티븐의 후계자가 없어진 것이다. 스티븐과 헨리는 거래를 했다. 스티븐의 광활한 토지가 그의 상속인들에게 돌아가는 것을 조건으로 헨리를 왕위 계승자로 인정한다는 것이었다. 이것은 나중의 일이지만, 사실 헨리는 그리 오래 기다릴 필요도 없었다. 바로 다음해 스티븐이 세상을 뜬 것이다.

1154년 12월 19일에 있었던 헨리의 대관식은 급하게, 그리고 다소 정돈되지 않은 상태에서 거행되었다. 전통적으로 잉글랜드 왕의 대관식이 열리는 웨스트민스터 대수도원은 스티븐의 혼란스런 통치기간 중 파손된 상태였다. 그러나 이 다소 정돈되지 않은 지저분한 배경이 런던 사람들에게는 헨리의 젊음과 대비되어 오히려 그를 돋보이게 만들었으며, 헨리의 왕족다운 태도도 그들을 안심시켰다. 어떤 목격자는 "런던에서는 열렬한 기쁨으로 젊은 왕을 맞이했다"라고 기록하기도 했다.

새로 왕위에 오른 헨리 2세는 이제 겨우 21세였다. 넓은 어깨, 크고 둥근 가슴, 빨강 머리에 주근깨가 난 헨리는 왕이라기보다는 오히려 시골뜨기 같아 보였다. 그에게 외모나 의상 같은 것은 그렇게 문제가 되지 않았다. 왜냐하면 그의 자연스러운 매력과 허세를 부리지 않는 소탈한 성격은 그런 것들을 모두 상쇄시키고도 남았기 때문이다. 궁정에서 지냈던 어떤 이는 헨리가

"건강한 신체와 매력적인 용모로 축복받은 사람이며, 천 번을 자세히 보아도 달려가서 다시 보고 싶은 사람"이라고 표현했다.

헨리는 비록 외모는 거칠게 생겼어도 학식도 깊고 여러 언어를 구사할 줄 알았으며, 궁정의 서기들이나 우연히 마주친 학자들과 토론하는 것을 좋아했다. 전반적으로 그는 온화한 기질을 드러냈지만 한번 화가 나면 쳐다볼 수 없을 정도로 무서웠다. 한번은 궁정 신하가 헨리의 경쟁자 중 한 명에 대해 좋게 말하자 왕은 격분해서 침대보를 찢고 밀짚으로 엮은 매트리스를 물어뜯기까지 했다고 한다.

그는 한가한 때에는 드넓은 왕실 숲에서 사냥하는 것을 좋아했다. 헨리는 훈련받은 매를 이용해 화살이 날아가기 힘든 데 있는 새들을 떨어뜨리는 매사냥을 특히 즐겼다. 헨리는 종종 자신이 좋아하는 새를 가죽장갑 위에 앉히고 여행했는데, 그와 그의 귀족들은 새들을 연회 식탁에까지 데려와서 남은 음식 한 조각을 먹이기도 했다. 한때 왕실의 숲이 국토의 3분의 1까지 차지하기도 했지만, 헨리는 그의 사냥터를 무단침입한 자에게는 관대하게 대하지

프로이센 황제 프리드리히 2세(오른쪽)가 소일거리로 좋아했던 매사냥을 떠나려 하자 시종들이 사냥에 필요한 새들을 준비시키고 있다.

않았다. 침입자들은 목이 잘리거나 사지가 절단되었다. 나중에는 길 잃은 매를 발견하고도 돌려주지 않는 자는 극형에 처하고 죄인의 가슴살 약 170g을 그 새에게 먹이겠다는 칙령을 내리기도 했다.

이 모든 것에도 불구하고 헨리는 결코 폭군이 아니었다. 어느 궁정 신하는 이렇게 회상했다. "한번은 헨리 왕과 함께 25척의 배를 거느리고 영국해협을 건넌 적이 있다. 그 배들은 모두 왕이 마음대로 쓸 수 있는 것이었고, 해협을 건너는 경비를 낼 필요도 없었다. 그런데 폭풍이 불어 배들이 흩어졌으며, 배를 대기에는 적합하지 않은 해안과 바위 쪽으로 쓸려갔다. 유일하게 왕이

위에 보이는 것과 같은 놋쇠와 가죽으로 만든 사냥용 나팔은 개와 사냥꾼들에게 신호를 보낼 때 사용되었다. 아래 그림은 사냥꾼들이 목표물에 근접하자 신호를 보내는 모습.

탄 배만이 신의 은총으로 무사히 항구에 닿았다. 아침이 되자 그는 사람을 시켜 뱃사람들이 입은 손해를 알아보게 한 다음, 그럴 의무는 없지만 그 손해를 모두 변상해주었는데 총 변상액은 상당한 액수였다." 그 궁정 신하는 "아마 당연히 갚아야 하는 빚을 갚지 않는 왕들도 있을 것이다"라고 비꼬는 말로 끝을 맺었다.

잉글랜드는 헨리 2세의 치하에서 번영―전반적인 분위기를 묘사하기 위해 '메리 잉글랜드(Merrie England)'라는 불후의 표현이 만들어질 정도였다―을 누렸다. 통치 초기 헨리는 과거 19년간 지속된 스티븐 통치의 흔적을 지우는 데 온힘을 쏟았다. 그는 골칫거리가 될 만한 귀족들이 독단적으로 가지고 있던 1,000여 개의 성을 파괴하거나 몰수했으며, 웨일스와 스코틀랜드에서도 잉글랜드의 권리를 거듭 주장했다.

헨리가 초창기에 거둔 성공은 상당 부분 그의 자문역들, 특히 전 캔터베리 대주교의 서기이자 그의 대법관이었던 토머스 베켓의 덕이었다. 베켓의 침착함과 지성은 그를 평범한 궁정 사람들 가운데 두드러져 보이도록 했다. 상인의 아들이었던 베켓은 한때 회계장부를 기록하는 일을

천연의 호수 한가운데에 위치한 벨기에의 베어젤 성은 거의 공격이 불가능했다.

| 중세의 성 |

중세의 유럽 통치자들은 끊임없는 침략의 위협에 대비해 수많은 요새를 지었다. 초기에 지어진 성들은 교역로나 공격로가 될 것 같은 곳을 따라 흙과 목재로 지어진 단순한 요새였다. 그러나 왕국의 힘과 부가 증대됨에 따라 이들 요새는 두툼한 돌벽으로 둘러싸인 거대하고 항구적인 구조물로 대체되었다.

성의 첫 번째 조건은 닿기 힘들어야 한다는 것이었는데, 그렇게 만들기 위해 가장 쉬운 방법은 자연 여건상 접근하기 힘든 위치에 성을 짓는 것이었다. 예를 들어 윌리엄 마셜의 쳅스토 성은 웨일스의 웨이 강 절벽에 우뚝 서 있기 때문에 공격자들이 성에 접근할 길이 거의 없을 정도이다. 섬이나 가파른 언덕 꼭대기에 지어진 성들도 있다. 천연 방어물이 없을 경우에는 성 주변에 해자를 파서 방어물을 만들기도 했다. 어떤 해자에는 근처의 강물을 끌어들이기도 했다. 그러나 그렇지 않은 경우가 대부분이었는데, 물이 없는 해자라도 강력한 장애물이 되었기 때문이다. 해자를 건너는 유일한 길은 다리였다. 이런 다리들은 성에서 끌어당길 수 있었으며, 커다란 문루가 다리 입구를 지켰다.

성에는 독창적인 방어물이 많이 있었다. 흉벽에는 궁수들이 '화살 구멍'으로 화살을 쏜 다음 숨을 수 있는 은신처가 있었다. 이런 흉벽 때문에 흔히 성벽의 윤곽은 요철 모양을 하고 있다. 앞으로

돌출된 2개의 기둥에 매달려 있던 캉 성의 도개교는 이미 오래 전에 부서졌다(왼쪽). 베어젤 성의 흉벽(위)에는 돌을 떨어뜨리고 화살을 쏠 수 있는 구멍이 있다. 벽이 돌파되면 수비군들은 가운데 있는 활강 통로로 미끄러져 호수로 내려갈 수 있었다.

튀어나온 돌출 총안이 만들어진 흉벽도 많았다. 여기에는 바닥에 구멍이 있어 성을 지키는 사람들이 성벽에 도달한 침입자에게 돌을 떨어뜨리거나 뜨거운 기름을 부을 수 있었다. 적이 가까스로 성 안으로 들어오게 되더라도 천장에 난 '살인구멍'으로 떨어지는 돌을 피해야만 했다. 플랑드르 백작들은 벨기에 헨트의 성에 있는 2층짜리 예배당 바닥에까지 살인구멍을 만들어놓을 정도였다.

성은 다른 무엇보다도 방어 구조물의 역할을 담당하긴 했지만 영주와 그 가족의 저택으로도 사용되었다. 정교한 볼트와 버팀벽으로 천장이 높이 치솟은 실내를 만들 수 있었는데, 튼튼할 뿐만 아니라 우아하기도 했다. 성은 그 주인을 모셔야 했을 뿐만 아니라(최대한 웅장한 스타일로) 그 성이 제대로 돌아갈 수 있도록 수비대와 시종들도 수용해야 했다. 성에서 요구되는 서비스와 식량 등 보급품에 대한 엄청난 수요를 충족시키기 위해 성 주변에 마을이 생겨나는 경우도 흔했다. 이런 사실은 잉글랜드의 뉴캐슬 어폰 타인(Newcastle upon Tyne) – '타인 강의 새로운 성'이라는 뜻. 뉴캐슬 – 처럼 그 마을의 이름에서 잘 드러나기도 했다.

성의 청결관리
중세 성의 배관체계는 매우 복잡했다. 맨 꼭대기 층의 수조에서 물이 공급되어 성 전체의 물통을 채웠다. 독일 하우트 쾨니히스부르크 성의 사진에서 보이는 좁은 폭의 돌출 구조물처럼 화장실은 대개 외벽 밖으로 튀어나오게 지어졌다. 배설물은 바닥의 구멍을 통해 강이나 호수로 직접 떨어지거나 바닥 밑의 통으로 떨어졌고, 그 통은 정기적으로 비워졌다.

독일 엘츠 성의 부엌에는 커다란 중앙 화덕이 있다. 화재의 위험을 줄이기 위해 별도의 건물에 부엌을 만든 성들이 많았다.

하기도 하면서, 끈기 있게 열심히 일해서 자수성가한 사람이었다.

미천한 출신 때문인지 베켓은 화려하고 호사스러운 궁정 생활을 좋아했다. 런던에 있던 그의 집은 곧 궁정풍속의 표본이 되었는데, 이는 엘레오노르 여왕에게는 유감스러운 일이었다. 별로 드러나지 않는 남편과는 달리 그녀는 화려한 생활을 즐겼던 것이다. 당시에는 귀족들이 아들을 훌륭한 사람의 집에 보내서 자라게 하고, 세련된 품행교육을 받도록 하는 것이 흔한 일이었다. 베켓의 명성이 높아지자 자신의 아들을 왕에게보다 베켓에게 보내는 귀족들이 더 많아졌다. 사실 그 무렵 헨리의 아들 중 한 명도 베켓의 저택에 흐르는 보다 세련된 분위기 속에서 자라고 있었다.

베켓의 아낌없는 환대는 연회 식탁에서 특히 잘 드러났다. 연회 장소는 화려했지만 (나무 들보로 떠받친 높은 천장의 드넓은 연회장) 음식에는 별로 신경을 쓰지 않았다. 하인들

엘츠 성의 침실에는 지금도 사방이 둘러싸인 침대가 있다. 이 침대에서 성의 주인 중 하나가 잠을 잤으며, 시종들도 흔히 같은 방에서 잠을 잤다.

성에서의 생활은 왼쪽 잉글랜드 버클리 성의 홀과 같은 그레이트 홀을 중심으로 이루어졌다. 이곳에서 영주는 식사를 하고 업무도 보았다.

은 부엌에서 넓은 야외 정원을 가로질러 무거운 쟁반을 서둘러 운반해야 했고, 식탁에 가까이 와서는 한쪽 무릎을 굽히고 음식을 올려놓았다. 그러나 오븐에서 식탁까지의 거리가 멀어 음식은 미지근했다. 심지어 비에 젖은 음식이 식탁에 오르는 경우도 있었을 것이다.

고기는 보통 질기고 힘줄투성이였지만 양적으로는 풍족했다. 찌르레기와 갈매기, 왜가리, 황새, 독수리 등이 연회 식탁에 올려졌다. 몸집이 좀더 큰 동물들은 죽자마자 잘라서 요리하거나, 소금을 잔뜩 뿌리고 소금물에 절여 저장했다. 부엌에서나 식탁에서나 양념(특히 후추, 겨자, 마늘)은 아낌없이 사용되었다. 채소는 평민들의 음식이라는 이유로 반기지 않았으며, 채소를 날로 먹지 말라는 의학적인 권고가 있기도 했다.

음식의 질이 일정하지 않고 예측불허였던 반면에 음식이 차려진 모습은 대단했다. 어느 날 밤 베켓의 식탁에는 날개를 활짝 펼친 모습으로 장식된 공작새 구이요리가 올려지기도 했고, 푸른 빵의 호수 위에 백조가 미끄러지듯 올라앉은 모습의 요리가 나오기도 했으며, 고기 파이를 자르면 작은 새 떼들이 솟아올라 귀족들의 매로 하여금 목표물을 잡는 연습을 하도록 해주기도 했다.

요리사들은 장난기가 발동하면 새끼 돼지의 머리와 몸통 앞부분을 수탉의 몸에 꿰매 내놓기도 했다. 후식으로는 밀가루 반죽, 젤리, 설탕으로 된 조각품(서틀티(subtlety)라고 불렀다)이 나왔는데, 요리사들은 마음껏 상상력을 발휘해 영웅과 성자들의 형상을 빚어냈다. 하지만 그때까지만 해도 베켓은 몇 년 지나지 않아 자신의 형상을 모방한 수많은 서틀티가 만들어질 것이라고는 생각하지 못했을 것이다.

만찬에 초대받은 예절바른 손님이라면 지켜야 할 식탁예절을 알려주는 다양한 책들이 나오기도 했다. 맛있는 음식 조각을 손가락으로 집어 다른 사람에게 권하는 것은 허용되었으나, 엄지손가락으로 빵에 버터를 바르거나 달걀을 손가락으로 찌르거나 식탁보로 이를 닦는 것은 허용되지 않았다.

베켓에게는 이런 것들이 대단히 중요한 문제였지만, 그러나 헨리 왕은 식탁에서는 별로 주의를 기울이지 않았다. 헨리 왕의 궁에 초대받았던 어떤 이는 그때 나온 '반쯤 구운 빵'과 '상한 생선과 고기'에 대해 다음과 같이 다소 신랄하게 평가했다. "포도주는 시거나 곰팡이가 피어 텁텁하고 느끼하며, 밋밋하고 역청 같은 맛이 났다. 때로는 위세 당당한 영주들에게 올려진 포도주가 너무나 탁해서 (마신다기보다는) 목으로 걸러내릴 때에는 눈을 감고 이를 악물고 얼굴을 찡그리며 몸서리를 쳐야만 했다."

헨리는 베켓의 보다 화려한 저택과 호사스런 식탁을 전혀 시기하지 않았다. 오히려 베켓과 같이 있는 것을 너무나도 즐겼기 때문에 종종 미리 알리지도 않고 그를 방문했다. 베켓이 헨리보다 15세나 많았지만 둘은 친한 사이가 되었고 같이 사냥하는 일도 잦았다. 헨리는 연장자 베켓의 고결함을 높이 샀다. 심지어 왕의 흥청거리는 술자리가 품위의 한계를 시험할 정도로 노골적인 분위기로 흐르면 놀라서 정색을 하는 듯한 베켓의 모습을 보고 즐거워하기도 했다. 헨리가 살던 시절에는 포도주에 흠뻑 취하는 것은 흔한 일이었으며, 매력적인 여인들의 요염함을 못 본 척 그냥 지나치는 일도 없었다. 그럴 때면 베켓은 왕이 즐거움에 지친 나머지 고개를 흔들 때까지 내버려두고 조용히 물러나왔다.

1162년 4월 캔터베리 대주교가 죽자 헨리는 베켓을 그 자리에 임명했다. 왕이 보기에는 아주 이상적인 임명이었다. 베켓은 대법관직을 계속 수행하면서 또한 헨리와 교회 사이의 불편한 관계를 매끄럽게 해줄 자리에 오른 셈이었다. 헨리는 공정한 사법제도의 기반을 닦으려 안간힘을 썼는데, 그런 노력은 자체적으로 법정을 가지고 있던 교회와 충돌하는 결과를 가져왔다. 모든 유형의 범죄자들은 '성직의 특전(benefit of clergy)'을 요구하면 좀더 관대한 교회 재판소에서 자신을 변론할 수 있다는 것을 알게 되었다. 성직의 특전은

악사들이 흥을 돋우는 가운데 시종들이 주인과 손님, 개들을 즐겁게
해주기 위해 공들여 준비한 저녁식사를 가져오고 있다.

'면죄시(免罪詩)'라고 알려진 성경 구절(〈시편〉 제51편)을 라틴 어로 몇 줄 인용하기만 하면 간단히 성립되었다. 헨리의 집권 초기 100건 이상의 살인이 이른바 '교회의 서기들'에 의해 자행되었다는 사실을 보면 이런 특혜가 얼마나 남용되었는지 알 수 있다.

베켓은 처음에 대주교가 될 의사가 없다고 항변했다. 그는 교회에 가혹하게 많은 세금을 부과해 이미 교회의 적으로 낙인찍혀 있었고, 주교들도 그를 정신적 지도자로 받아들일 것 같지 않았다. 또 헨리는 몰랐지만, 아마도 베켓은 자신의 새로운 역할은 불가피하게 왕과의 알력을 가져오리라는 것을 알고 있었던 듯했다. 그러나 일단 새로운 역할이 주어지자 베켓은 흔치 않은 열정으로 그것을 받아들였다. 그는 궁정생활의 즐거움과 화려함을 버리고 좀더 평범한 성직자의 옷을 걸쳤다. 스스로에게 벌을 줌으로써 영혼을 정화시

체스를 두고 있는 프랑스 남녀 한 쌍이 다음 수를 어떻게 둘 것인가를 생각하고 있다. 귀족 영주와 귀부인들은 인기 많았던 체스 게임을 즐기며 느긋하게 여가시간을 보냈다.

킬 수 있다는 믿음에서 올이 성글고 불편한 털로 만든 셔츠를 입고 매일 자기 자신을 매질하기도 했다. 그는 명상하는 데 오랜 시간을 보냈으며 성서 공부에도 헌신했다.

헨리는 그의 이런 변화를 놀라움의 눈으로 바라보았으며, 이윽고 베켓이 대법관직을 사임하자 그의 걱정은 더욱 깊어만 갔다. 1164년, 헨리가 스티븐 왕 시절에 확보된 교회의 독립을 제한하는 클래런던 헌장을 공포하자 상황은 위험한 지경에 이르렀다. 베켓은 처음에 이 서류에 서명했지만 돌연 마음을 바꾸어 이를 부인했으며, 잠깐이라도 동조했던 자신에게 가혹한 벌을 내렸다. 헨리는 베켓이 대법관 시절부터 소유했던 서너 군데의 성과 토지를 몰수하는 것으로 응수했다. 그런 다음 왕은 곧 베켓의 집에 맡겼던 자신의 아들을 도로 데려왔다.

한번은 헨리가 베켓과의 화해를 시도하기도 했다. 조용히 얘기를 나눌 수 있는 탁 트인 들판에서 베켓과 만난 헨리는 오랜 친구에게 "내가 가난하고 미천한 자네를 최고의 명예와 신분의 자리에까지 올려주지 않았는가? 지금 그대는 은혜를 모를 뿐만 아니라, 사사건건 나에게 반기를 들고 있네"라고 말했다. 그러자 베켓은 "사람보다는 하나님께 복종해야 합니다"라며 정중하지만 타협의 여지는 전혀 남기지 않는 답변을 했다.

헨리는 이제 강하게 나가기로 결심했다. 그는 베켓이 대법관으로서 처리한 모든 돈에 대해 빠짐없이 회계보고를 하라고 요구했다. 이것은 다소 비열한 짓이었다. 베켓이 대법관으로서 취급했던 것은 대체로 베켓 자신보다는 왕에게 훨씬 더 많은 이득을 가져다주었으며, 때로 베켓은 헨리를 대신해 자신의 돈을 쓴 적도 있었다. 게다가 베켓은 대주교로 임명되면서 대법관 시절과 관련해 제기될 수 있는 모든 세속적인 주장으로부터 면제를 받았다. 그러나 헨리는 이런 점들을 무시했으며, 혹시 발생할지도 모르는 부족분을 충당하기 위해 2,000마르크를 내겠다는 베켓의 제안까지 무시해버렸다. 결국 노샘프

턴의 왕실 위원회에 출두하라는 명령이 베켓에게 떨어졌고, 그가 아무 반응을 보이지 않자 헨리는 베켓이 왕의 법정을 모독했다고 고발했다.

왕은 이렇게 가혹하고 한편으로는 멜로드라마 같기도 한 반응을 보였지만, 베켓은 그보다 뛰어나게 대처했다. 마치 천국의 방패인 양 무거운 십자가를 앞에 들고 떠들썩한 어전회의에 모습을 드러냈던 것이다. 자신에게 그와 같은 천상의 보호가 필요하다는 것을 암시함으로써 베켓은 감히 왕에게 중대한 모욕을 주는 위험을 자초한 것이었다(너무나 큰 모욕이었기 때문에 베켓이 회의장으로 들어가기 전에 주교들이 십자가를 빼앗으려고 안간힘을 쓸 정도였다). 런던 주교였던 길버트 폴리엇은 "지금 대주교님께서 자신의 것을 휘두르시는 것처럼 만약 왕께서 자신의 칼을 휘두르신다면 두 분이 화해하시는 데 무슨 도움이 되겠습니까?"라고 말했다. 그러나 베켓은 말을 들으려 하지 않았다.

왕에게는 그의 그런 모습이 유쾌하지 않았다. 그러나 왕의 귀족들과 베켓의 성직자들 사이에 치열한 협상을 거친 뒤, 결국 헨리는 대주교를 로마에 소환하는 것으로 상처입은 자존심을 회복하려 했다. 그러나 베켓은 이 판결을 들으려 하지 않았다. "나를 재판할 수 있다고 생각합니까?"라고 베켓이 물었다. "나는 판결을 듣지 않겠습니다." 이 말을 하고 베켓은 십자가를 앞에 든 채 "반역자"라며 거칠게 외쳐대는 소리를 뒤로 하고 밖으로 나가버렸다.

헨리의 성질을 알고 있던 대주교는 현명하게도 잉글랜드를

궁정연애

궁정연애의 개념이 순수하고 신성한 열정으로 그려지게 된 것은 아마도 이슬람의 지배를 받던 에스파냐에서 유래된 듯하다. 그곳 여류시인들은 좌절되기도 하지만 영원토록 서로에게 충실한 연인들의 전통을 만들어냈다. 프랑스와 이탈리아의 작가들이 이런 주제를 택했으며, 얼마 지나지 않아 유럽 전역의 음유시인들이 아름다운 귀부인의 봉신이라고 자처하는 귀족들에 대한 노래를 부르게되었다. 이러한 연인들은 열렬한 사랑에 도취되긴 했으나 성관계를 통해 사랑을 완성하지는 않았다. 그들은 결혼이라는 실질적인 문제와 무관한 진정한 사랑이 가능할 수 있다고 생각했다. 위 그림은 그러한 서정시 모음집에서 나온 것이다.

떠나기로 결심했다. 그는 3주간 헨리의 첩자들을 피해 숨어 있다가 몰래 영국해협을 건너 플랑드르 지방으로 갔다. 한편 헨리는 베켓의 탈출을 도왔던 그의 서기들의 땅과 재산을 빼앗아버렸다.

결국 베켓은 부르고뉴의 한 수도원에 은신했다. 그곳에서 그는 자신을 지지해줄 사람을 찾겠다는 희망으로 유럽의 거의 모든 세력가들에게 격렬한 편지를 써보내기 시작했다. 망명길에 오른 대주교는 태도를 누그러뜨리기는커녕 오히려 더욱 드세게 왕을 공격했다. 베켓은 결국 클래런던 헌장을 승인한 교회 관료들을 파문시켰으며, 교회의 공식적인 선고로 헨리를 위협하기까지 했다. 그러나 교황 알렉산데르 3세는 서둘러 베켓의 선고를 취소시켰다.

분쟁은 해결되지 않은 채 몇 년이 지나갔다. 헨리는 국내 문제에 집중했다. 엘레오노르 여왕은 헨리와의 결혼으로 8명의 자녀를 두었지만, 헨리와 함께 지내는 것에 싫증을 느끼고 푸아티에 있는 자신의 땅으로 돌아갔다. 한편 헨리의 아들들은 아버지가 나누어준 제한된 부와 영향력에 불만을 품기 시작했다. 1170년 6월, 헨리는 반항적인 자신의 상속자들과 잘 지내보려는 노력에서 웨스트민스터 대수도원에서 역시 헨리라는 이름의 15세 된 아들의 대관식을 거행했다. 이후 '젊은 왕'이라 알려진 어린 헨리에게는 아무런 권위도 넘겨주지 않았으며, 화려한 대관식은 그의 야망의 칼날을 더욱 날카롭게만 만들었다.

설상가상으로 대관식은 헨리와 베켓의 싸움에 불을 지폈다. 왕에게 왕관을 씌워주는 것은 전통적으로 캔터베리 대주교의 특권이었다. 베켓이 망명 중이었기 때문에 그 영광은 요크 대주교에게 넘어갔고, 그 결과 벌어진 소란은 헨리의 입지를 약하게 만듦과 동시에 베켓과의 화해를 시도하는 계기가 되었다.

한 달 뒤 두 사람은 그들의 드라마가 펼쳐졌던 성과 궁에서 멀리 떨어진 조용한 들판에서 다시 만났다. 헨리는 오랜 친구를 다시 보게 되어 기쁜 듯 보였으며, 심지어 베켓이 말에 안장을 놓는 것을 돕기 위해 말에서 뛰어내리기까지 했다. 왕은 애원했다. "자, 대주교여, 우리 예전에 가졌던 서로에 대한 사랑을 다시 새롭게 합시다. 서로에게 할 수 있는 모든 선행을 보여주고 우리의 오랜 싸움은 잊어버립시다." 모든 것이 잘되는 것처럼 보였고, 헨리는 이 행복한 만남에 대한 기쁨으로 눈물까지 몇 방울 흘렸지만, 그들의 화해는 오래 가지 못했다.

그해 성탄절 날 캔터베리의 설교단에서 베켓은 젊은 왕의 대관식에 참석했던 주교들을 파문시켰다. 헨리는 이 소식을 듣고 격분했다. 좌절감에 빠진 헨리는 그를 둘러싸고 있던 바보 같은 궁정 신하들을 심하게 나무랐다. "내 집에서 바보와 겁쟁이들만 한 무더기 모여 살렸구나. 나를 위해 이 건방진 사제에게 복수해주는 사람이 아무도 없다니!"

격분한 상태에서 나온 뜻이 불분명한 이 말이 토머스 베켓의 운명을 결정짓고 말았다. 바로 그날 '성미 급하고 한창 나이'인 기사 4명이 궁을 살짝 빠져나와 캔터베리로 향했다. 그들은 대성당에서 저녁기도를 듣고 있는 베켓을 발견했다. 무엇을 해야 될지 몰랐고, 아마도 술에 취한 상태였던 젊은 기사들은 대주교가 그들 앞에서 무서워 움츠러들 것으로 예상했다. 그러나 베켓은 기사들을 만찬에 초대했던 것 같다. 혼란스러워진 기사 한 명이 칼등으로 베켓의 어깨를 내리쳤다. "도망쳐!" 젊은 공격자가 소리쳤다. "안 그러면 당신은 이제 죽은 목숨이다!" 베켓은 조용히 그 도전자들을 바라보며 제일 나쁜 짓을 해보라고 명령했다. 그는 기사들이 자신을 성당 밖으로 끌어내려고 할 때에만 저항을 했다. 그 와중에 베켓은 머리를 한 대 맞았다. 일단 대주교가 피를 흘리자 4명의 기사들 속에 흐르던 전사의 본능이 살아났다. 그들은 앞다투어 베켓을 난도질했다.

베켓의 죽음은 전 유럽을 충격에 빠뜨렸다. 누구보다 가장 겁에 질린 사람은 헨리였다. 그는 자신이 화가 나서 한 말이 그러한 범죄를 충동질했다는 것을 뼈저리게 알고 있었다. 왕은 슬픔과 회개의 표시로 왕의 옷을 벗어던지고 참회복이라 알려진 거친 천으로 된 옷을 입고 머리에 재를 뿌렸다. 헨리가 자기 방으로 들어가 며칠간 음식도 먹지 않고 휴식도 취하지 않자, 왕실은 그의 생명을 걱정했다. 마침내 방에서 나온 그는 여론의 분노가 가라앉을 때까지 아일랜드로 가 있어야만 될 것 같다고 느꼈다.

그는 아일랜드에서 6개월간 머문 뒤 프랑스로 가서 자신의 죄를 씻어내려는 모습을(매질을 통해) 보였고, 결국 사면을 받았다. 비록 채찍질이 교회를 만족시킨 듯했지만 헨리 자신은 다음해 캔터베리로 순례를 떠남으로써 비로소 베켓과 화해했다. 왕의 방문을 지켜본 어느 목격자는 이렇게 썼다.

"축복받은 순교자의 시신이 묻힌 교회가 시야에 들어오자마자 그는 말에서 내려 신발을 벗고 맨발에 양모로 된 옷을 걸치고 순교자의 무덤이 있는 곳까지 5km나 되는 거리를 걸어갔다. 너무도 겸손하며 후회에 가득 찬 모습이었기 때문에 그것이 이 땅을 내려다보시고 떨게 하시는 주님의 작품이라는 것을 의심할 여지가 없는 듯했다. 이 모습을 지켜보던 이들이 보기에는 왕이 걸었던 길과 그의 발자국이 온통 피로 덮인 것 같았는데, 사실이 그러했다. 왕의 부드러운 발이 거친 돌에 찢겨 엄청난 양의 피가 땅바닥으로 흘렀다. 그가 무덤에 도착했을 때 겪은 고통, 흐느낌과 눈물, 그리고 그가 주교들과 수많은 사제와 수사들이 손으로 내리는 벌에 복종하는 모습을 지켜보는 것은 참으로 성스러운 일이었다."

베켓은 3년이 채 지나기도 전에 성인의 반열에 오르지만, 헨리는 어떤 점

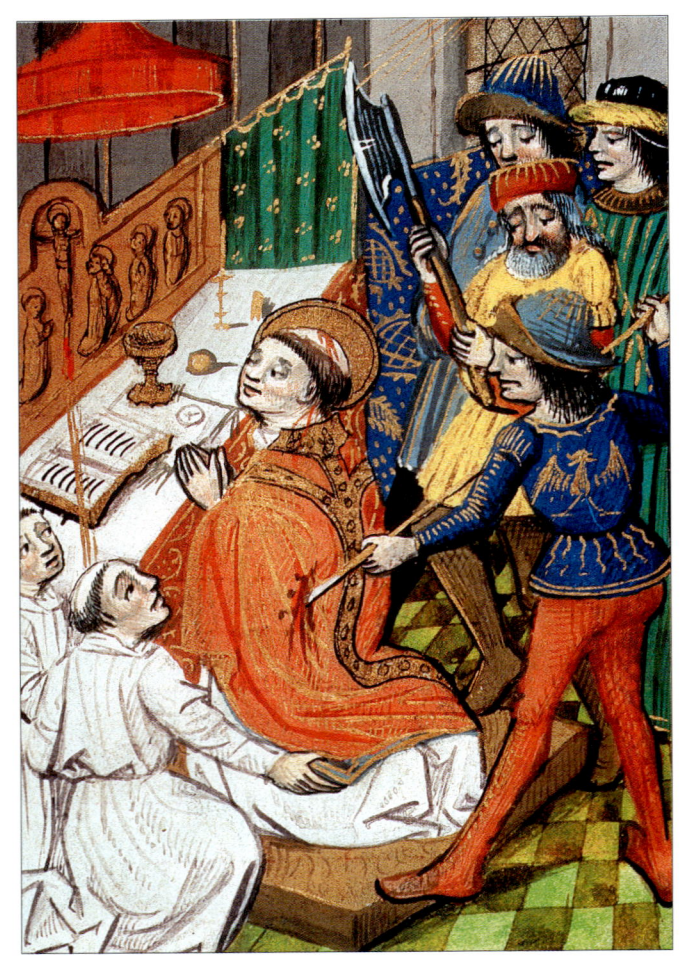

헨리 2세의 기사가 캔터베리 대성당의 제대 앞에 무릎을 꿇고 있는 대주교 토머스 베켓의 등을 칼로 찌르고 있다. "주님을 위해 죽을 준비가 되어 있다"고 말한 베켓은 대성당의 트랜셉트에서 난도질당했다.

에서 보면 평생 그 불행한 사건에서 벗어나지 못했다. 얼마 뒤 그의 가족은 내란으로 분열되었는데, 엘레오노르는 아버지에 대항한 자신의 아들 편에 섰다. 한때 자신의 상속자들을, 자신을 무너뜨리기에 열심인 4마리의 새끼 독수리라고 표현했던 헨리는 그들 중 2명이 한창 나이에 쓰러지는 모습을 지켜보았다. 셋째 아들 제프리는 말에서 떨어져 죽었으며, 젊은 왕 헨리는 아버지에 대항해서 벌인 전투 중에 치명적인 이질에 걸려 죽었다.

어린 제프리를 묻은 지 얼마 지나지 않아 둘째 아들 리처드는 프랑스의 필리프 왕과 공모해 아버지에 대항하는 전투를 다시 벌였다. 그러나 56세의 헨리는 더 이상 싸울 배짱이 없었다. 화가 난데다 지친 왕은 리처드와 위태로운 타협에 도달하고 반역에 참가한 모든 이들을 사면하는 데 동의했다. 병들고 기가 꺾인 헨리는 협상 뒤에 들것에 실려 나와야만 했다.

비록 병상에 있었지만 헨리는 시종을 시켜 자신이 사면을 약속한 귀족들의 명단을 읽도록 했다. 시종은 목록을 훑어보더니 마치 읽기가 두려운 듯 머뭇거렸다. "우리 주 예수 그리스도여, 도와주소서. 전하." 그는 소리쳤다. "여기 첫 번째로 나오는 이름은 전하의 아드님이신 존 백작입니다." 그것은 헨리가 참아내기에 너무 버거운 일이었다. 존은 그가 가장 사랑한 아들로서, 아내와 다른 자식들이 그에게서 등을 돌렸을 때도 그 아이만큼은 자신 곁에서 늘 충성했다고 믿은 아들이었다. "더 이상 말하지 말라." 왕은 벽 쪽으로 얼굴을 돌리며 말했다. 몇 시간 지나지 않아 왕은 숨을 거두었다.

왕의 임종을 지키고 그 시신을 최후의 안식처로 인도하며 마지막까지 충성을 다한 신하 중에 윌리엄 마셜이라는 이름의 젊은이(그는 공성용 투석기에 날려 끔찍하게 죽을 뻔했으나 인정 많은 스티븐 왕이 살려준 바로 그 소년이었다)가 있었다.

윌리엄 마셜은 어린 시절 겪은 모험 이후 험난한 길을 걸어왔다. 이제 그는 엄청난 부와 군사를 거느린 유명한 전사였으며, 전투에서 보여준 용맹뿐 아니라, 그가 섬기는 주인이 누가 되었건 열렬히 충성을 다하는 사람으로 유명했다. 바로 이런 점들은 헨리 왕이 아들들과의 싸움에서 절실히 필요했던 것이었으며, 또 윌리엄으로 하여금 단순한 전사에서 이 나라의 기사로 떠오르게 해준 자질이기도 했다.

"올바른 기사의 역할은 무엇인가?
… 필요하다면 자신의 목숨을 내놓는 일이다."

윌리엄 마셜이 살았던 시대의 남자들에게 기사라는 신분은 단순한 직업 이상의 것이었다. 그것은 정신적이고 감성적인 삶의 방식이었다. "올바른 기사의 역할은 무엇인가?" 12세기의 철학자 솔즈베리의 존은 물었다. "교회를 보호하고, 반역에 대항해 싸우고, 사제직을 존경하고, 가난한 자들을 불의에서 구하고, 자신의 고장에 평화를 가져오고, 형제들을 위해 피를 흘리고, 그리고 필요하다면 자신의 목숨을 내놓는 일이다."

이러한 자질을 가르쳐야 할 필요가 있었기 때문에 윌리엄의 아버지는 그를 프랑스로 보내 노르망디의 시종 기욤 드 탕카르빌의 집에 묵으며 기사도 교육을 받도록 했다. 탕카르빌은 '기사들의 아버지'로 유명했으며, 그의 보호 하에 윌리엄은 승마술과 전투기법 등 남자다운 기술은 물론 궁정에서의 품위도 배웠다.

어린 윌리엄은 드 탕카르빌의 가르침을 익히는 데 천부적인 재능을 보였다. 그는 주변의 숲에서는 사냥하는 법을, 근처 늪지대에서는 매사냥하는 법을, 거대한 성벽 아래에서는 칼과 창을 다루는 법을 익혔다. 또한 드 탕카르빌 아내의 방에서 노래하는 법을 배우기도 했다. 야심에 찬 기사에게 이 모든 것은 기본적인 기술이었다.

윌리엄은 음모와 변절로부터 자신을 보호하면서 궁정에서 살아남는 법에 대해서도 배웠다. 그는 성공적인 궁정 신하가 되려면 항상 분별력이 있어야 하고, 주인의 멸시에 드러내놓고 분개해서도 안 되며, 늘 자신의 감정을 통제할 수 있어야 한다는 것도 알게 되었다. 눈썹 하나 까딱하지 않고 적의 투석기에 자식을 맡긴 아버지를 가졌던 윌리엄은 이런 자질들을 쉽게 익힐 수 있었다. 그가 기욤 드 탕카르빌의 집에서 배우지 못한 한 가지는 글을 읽고 쓰는 것이었다. 훗날 그는 주방 서기를 그용해 자신이 마상시합에서 승리한 것을 적게 해야만 했다.

1167년, 윌리엄이 드 탕카르빌의 집에 머문 지 6년쯤 지났을 때 헨리 왕과 프랑스의 루이 왕 사이에 전쟁이 일어났다. 그때 20세도 되지 않았던 윌리엄은 드디어 자신의 기술을 전투에서 시험해볼 때가 왔다고 느꼈으며, 그의 스승도 이에 동의했던 것 같다. 전투가 있기 전날 밤 막사에서 어린 윌리엄 마셜은 기사가 되는 의식을 치렀다. 그 의식은 간단하고 깔끔하게 치러졌다. 곧 벌어질 전투 때문에 팡파르를 울릴 시간은 없었다. 아마도 그는 목욕 의식을 치른 뒤 새 망토를 받았을 것이고, 드 탕카르빌은 그의 어깨를 내리쳤을 것이다. 그외 다른 것은 거의 없었을 것이다.

그 다음날 치른 첫 번째 전투에서 윌리엄은 앞으로 그의 경력을 특징짓게 될 기술과 인내를 보여주었다. 선봉에 서고 싶은 마음이 간절했던 이 어린 기사는 스승의 뒤를 바짝 따라붙었는데 그것은 썩 좋지 않은 모습이었다. "윌리엄, 뒤로 가!" 드 탕카르빌이 소리쳤다. "서둘지 마라!" 질책을 받은 윌리엄은 멈춰 서서 연장자들이 지나가기를 기다렸다. 그러나 그는 곧 전선으로 돌진해서 자신이 가한 일격으로 창이 망가질 정도로 맹렬히 싸웠다. 전도유망한 앞날을 예고하는 출발이었다. 그러나 한 무리의 보병들이 무쇠 갈고리로 그를 말에서 떨어뜨렸을 때 기사 윌리엄의 생명은 거의 끝나버릴 뻔했다. 윌리엄은 가까스로 도망쳤지만 그의 말은 죽고 말았다.

그후 드 탕카르빌 수하 사람들의 승리 축하연에서 윌리엄은 전쟁터에서 자신이 보여준 용맹에 대한 칭찬의 말이라도 듣고 싶어했을지도 모른다. 그러나 이상하게도 나이가 많은 기사들은 그를 비웃는 듯했다. "이봐, 마셜!" 풍채 좋은 어느 백작이 외쳤다. "자네에 대한 사랑의 보답으로 선물을 하나 받고 싶은데." "기꺼이 드리죠. 무얼 드릴까요?" 윌리엄이 대답했다. "말안장을 고정시키는 껑거리끈을 주게. 아니면 말목에 두르는 끈이라도 주든가?" 나이 든 기사가 말했다. 여러 가지 마구(馬具)를 달라는 요구에 윌리엄은 어리둥절해졌다. 그는 그런 것을 가져본 적도 없는데 어떻게 선물로 줄 수 있겠느냐고 항변했다. "하지만, 마셜!" 못 믿겠다는 듯 백작이 말했다. "무슨 소린가? 자넨 그것들을 40개나 60개쯤 가지고 있었잖나? 그런데도 하찮은 거 하나를 안 주려 하는군!"

윌리엄은 그제야 무슨 소리인지 깨달았다. 전쟁은 전적으로 명예만을 위해서 싸우는 것은 아니며, 자신이 무찌른 사람들의 몸값과 그들의 말과 무기의 포획이라는 형태의 소득이 있어야만 했다. 더구나 윌리엄은 비싼 말을 잃어

신참기사가 칼, 박차, 투구, 방패를 받으면서 자신의 임무를 잘 수행할 수 있도록 해달라고 기도하고 있다. 그런 다음 기사가 후원자 앞에 무릎을 꿇으면 후원자는 기사의 어깨를 칼로 가볍게 두드리면서 기사직의 명예를 수여하게 된다.

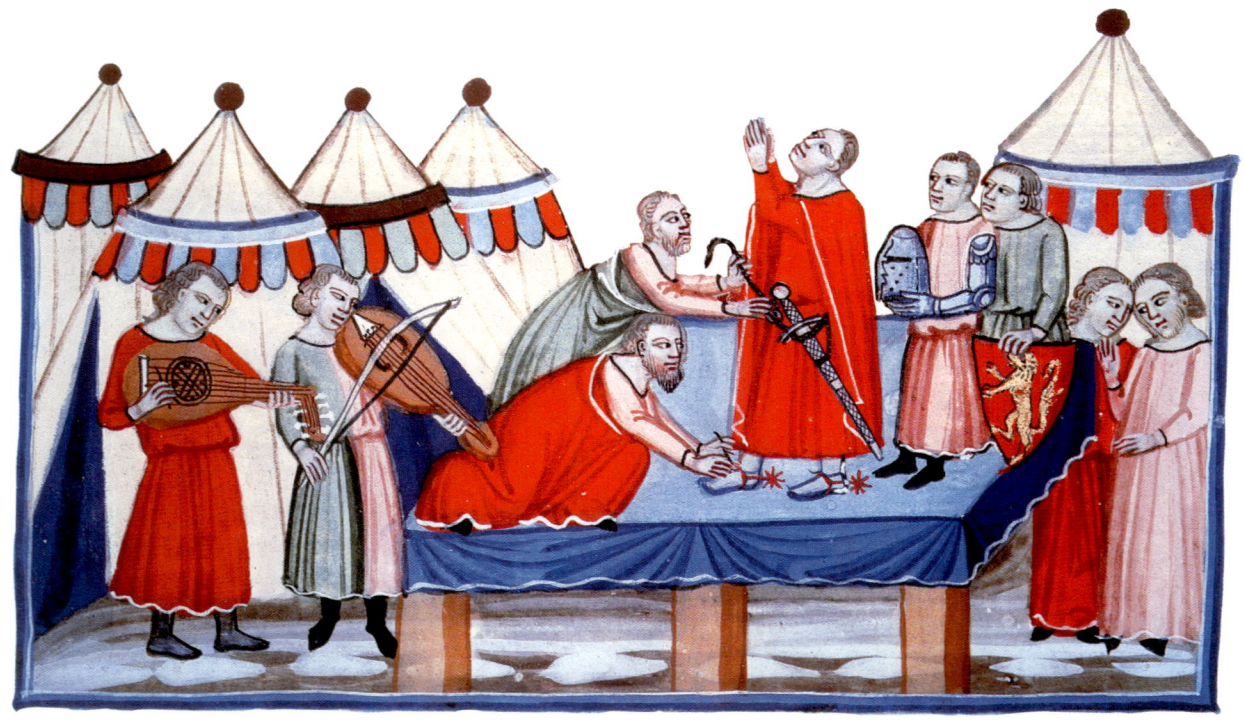

중세의 페미니스트

유명한 작가 크리스틴 드 피장이 여왕의 침실에서 수발을 드는 부인들이 쳐다보는 가운데 바바리아의 이사벨 여왕에게 자신의 작품 한 권을 바치고 있다. 여왕의 남편인 프랑스의 샤를 6세의 후원 아래 크리스틴은 전문적으로 사랑의 시를 쓰는 일을 시작했으며, 훗날에는 역사, 윤리, 종교와 같은 좀더 진지한 주제에 관한 글을 썼다.

여성을 옹호하는 글로 잘 알려진 크리스틴은 영웅적인 여성인물에 대한 작품을 썼고, 여성을 경멸하는 태도를 보이는 사람들을 비난했으며, 소녀들의 교육을 권장하기도 했다. 아래는 〈사랑의 신에게 보내는 편지〉라는 시의 일부분으로 여성과 남성의 행동을 비교하고 있다.

그들은 누구를 살해하지도, 부상을 입히지도,
상처를 주지도,
남자를 배신하지도, 뒤쫓지도,
빼앗지도,
집에 불을 지르지도,
남자의 상속권을 박탈하지도,
독살하지도, 금이나 은을 훔치지도 않습니다.
그들은 동포를 속이지도,
허위계약을 맺지도,
왕국, 공작령, 제국을 파괴하지도 않으며…
전쟁을 하고 죽이고 약탈하지도 않습니다….

버려 새 망토를 팔아서 말을 사야 했기 때문에 선배들의 부드러운 꾸짖음은 납득할 만했다.

그는 기사가 된다는 것은 돈이 많이 드는 일이라는 것을 비로소 알게 되었다. 우선 그는 말 3필이 필요했다. 짐을 싣기 위해 1마리, 여행을 위해 1마리, 그리고 또 전투를 위해서 골격이 큰 군마 1마리가 필요했던 것이다. 또 길고 비싼 기사의 외투가 있어야 했는데, 이 외투에 그가 섬기는 영주의 문장을 수놓게 된다. 훨씬 더 돈이 많이 들어가는 것은 전투장비였는데, 그중에는 머리에 쓰는 모자, 호버크(hauberk)라 부르는 목과 몸통을 위한 보호대, 튼튼한 각반 등이 있었는데, 모두 창끝, 화살, 날카로운 칼 등을 피할 수 있도록 촘촘한 사슬미늘로 만들어졌다.

사슬미늘 속에는 전투 중 강한 타격을 받았을 때 그 영향을 누그러뜨리기 위해 가죽옷이나 누빈 옷을 입었다. 나무와 삶은 가죽으로 만들어

위에 문장을 그려넣은 방패는 가죽 끈으로 어깨에 비스듬히 고정시켰다. 또한 사슬미늘로 된 머리덮개 위에 쓰는 가벼운 쇠 모자를 비롯해서, 전투시 완전보호를 위해 눈 구멍과 통기 구멍만 뚫렸으며 무거운 쇠로 만들어 어깨에 단단히 고정시키는 투구 등 여러 유형의 쓸 것도 필요했다. 마지막으로 칼과 가벼운 애시우드 창을 구비해 완벽한 전투무장을 했다.

윌리엄에게는 이 모든 것이 문제가 되었다. 그는 이제 훈련된 기사였다. 그는 싸우는 법, 옷 입는 법, 먹고 마시는 법, 귀족들 사이에서 처신하는 법을 알고 있었다. 그가 모르고 있었던 것은 바로 자신을 부양하는 법이었던 것이다. 드 탕카르빌의 집에서 지내던 시절은 이제 끝났으며, 윌리엄은 오로지 자신의 지혜만으로 이 세상에서 살 길을 개척해나가야만 했다.

그가 할 수 있었던 선택의 폭은 좁았다. 윌리엄은 막내아들이었기 때문에 집안의 재산과 토지를 물려받을 권리가 없었다.

| 중세의 전쟁놀이 |

11세기 말 유럽의 전쟁터에 새로운 무기가 등장했다. 그것은 바로 1.5m 거리에서도 적을 겨눌 수 있는 끝이 구부러진 창이었다. 그러나 창은 다루기 힘들어서 효과적으로 다룰 수 있으려면 많은 연습을 필요로 했다. 기사들은 곧 모의전투가 창술을 연마하는 좋은 방법이라는 것을 알았다.

이런 모의전투—토너먼트(마상시합)라고 불린—는 처음에는 참가자 수의 제한도 없이 기사들이 창과 칼로 상대편을 향해 돌진하면서 최대한 많은 수의 상대편 기사들을 말에서 떨어뜨리는 것을 목표로 하는 난장판이었다.

상대 기사를 땅에 떨어뜨린 기사라면 누구든지 상대의 말, 갑옷, 투구 등에 대한 권리를 주장할 수 있었다. 규칙은 거의 없었고, 부상을 당하거나 죽는 일도 흔했다. 그러나 마상시합이 인기를 더해가면서, 피투성이의 스포츠에서 세부규칙이 있으며 수많은 군중들이 관전하는 화려한 볼거리로 발전했다. 12세기 후반 마상시합은 당시 기사도의 로맨스를 반영하는 동작들이 연출되었으며, 왕실의 결혼이나 탄생 등을 축하하기 위해서도 개최되었다.

15세기 마상경기를 묘사한 왼쪽 그림 속에서 많은 기사들이 칼과 창을 높이 들고 모의전투를 벌이고 있다. 열광한 경쟁자들이 오른쪽 울타리를 부수고 나가고 있다.

직접적인 타격의 영향을 줄이기 위해 마상 창시합 참가자들은 코로넬이라 부르는 덮개를 창끝에 씌웠다(오른쪽). 경쟁자간에 서로 나쁜 감정이 있을 경우에는 코로넬을 벗기고 시합을 하기도 했다.

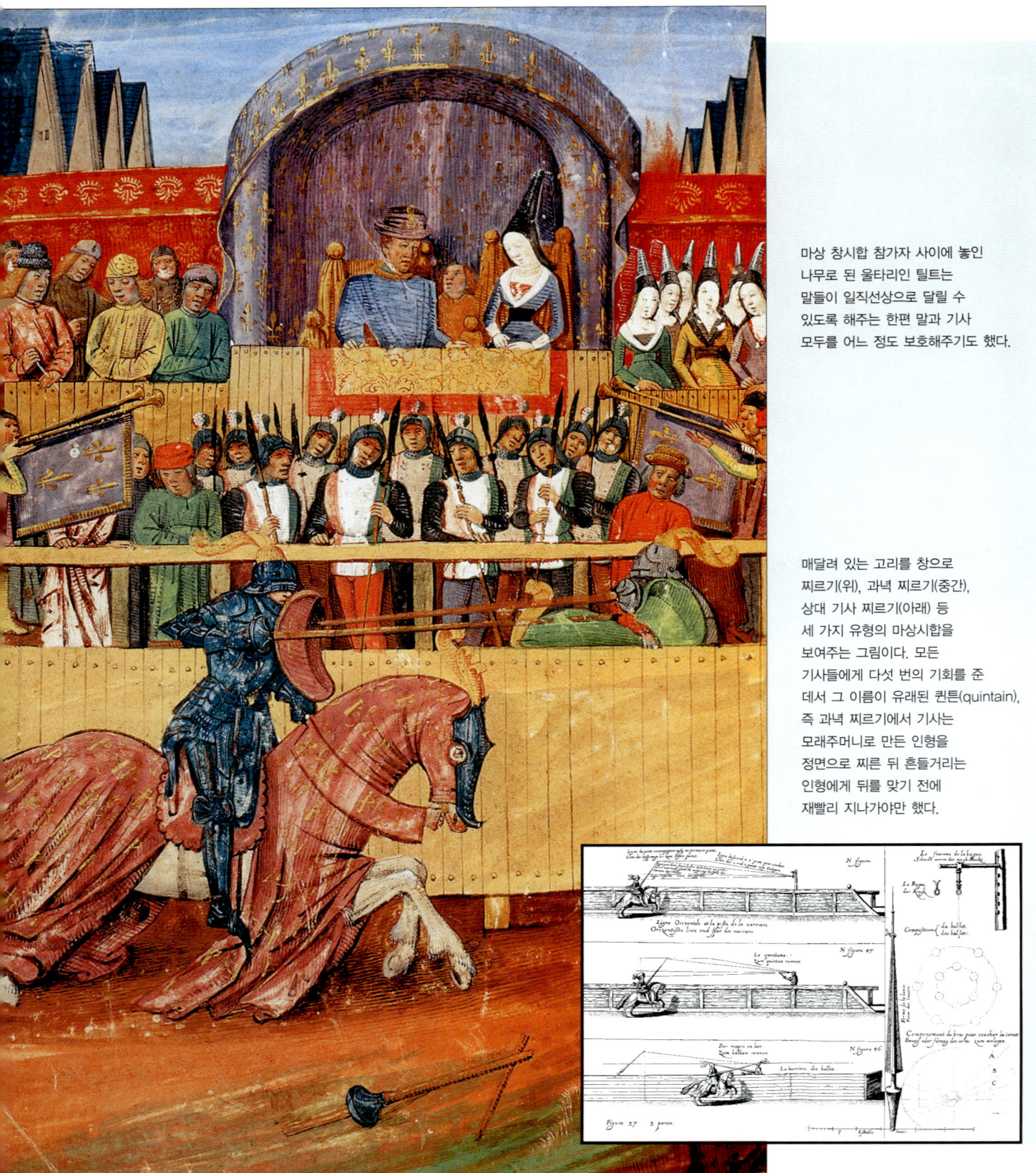

마상 창시합 참가자 사이에 놓인
나무로 된 울타리인 틸트는
말들이 일직선상으로 달릴 수
있도록 해주는 한편 말과 기사
모두를 어느 정도 보호해주기도 했다.

매달려 있는 고리를 창으로
찌르기(위), 과녁 찌르기(중간),
상대 기사 찌르기(아래) 등
세 가지 유형의 마상시합을
보여주는 그림이다. 모든
기사들에게 다섯 번의 기회를 준
데서 그 이름이 유래된 퀸튼(quintain),
즉 과녁 찌르기에서 기사는
모래주머니로 만든 인형을
정면으로 찌른 뒤 흔들거리는
인형에게 뒤를 맞기 전에
재빨리 지나가야만 했다.

대규모 행사는 곧 자우스트(마상 창시합)라고 알려진 좀더 규모가 작은 대회에 밀려났다. 마상 창시합에서는 말을 탄 참가자들이 창을 들고 울타리로 둘러싸인 리스트라고 불리는 지역 맞은편의 상대를 향해 돌진했다. 이렇게 형식을 바꾸었기 때문에 승자를 결정하는 게 좀더 쉬워졌다. 점수는 상대적으로 매겨졌는데, 가장 높은 점수는 적을 말에서 떨어뜨린 사람에게 돌아갔고, 적을 겨누어 창을 부러뜨리고 적의 투구에 일격을 가한 경우에는 좀더 낮은 점수를 주었다. 타격을 빗겨나가게 하는 비스듬한 투구, 기사의 왼쪽(적에게 노출되는 부위)을 보호해주는 특별히 더 두꺼운 갑옷 등 마상 창시합용으로 특별히 제작된 화려한 투구와 갑옷이 볼거리를 더해주었다.

1618년 30년전쟁이 시작되었을 때 마상시합과 마상 창시합의 인기는 내리막길로 접어들었다. 더 이상 현실적인 전투훈련을 할 필요가 없었다. 보병들의 신무기로 말미암아 말 탄 기사와 창의 효용성이 사라졌던 것이다. 지배계급의 후원자들은 여흥으로서의 시합에 대해서도 흥미를 잃어갔는데, 이들은 점점 이런 시합을 보거나 참가하는 것이 그들의 품위에 맞지 않는다고 생각하기 시작했다.

마상시합의 승자가 타조 깃털로 장식한 보석을 상으로 받고 있다. 그러나 기사들에게 진짜 상이 된 것은 시합에서 싸운 상대편에게서 쟁취한 말과 무기, 갑옷 등이었다.

고향으로 돌아가 형의 식솔로 '난롯가 아들(hearth son)'이 되어 절대 결혼하지 않겠다는 약속을 하고 인생에 특별한 목표도 없고 분명한 것도 없이 늙어가는 것도 생각해보았다. 그러나 이미 전투의 영광을 맛본 윌리엄에게 그것은 그렇게 구미가 당기는 장래가 아니었다.

그는 대신 직업적인 전사가 되어 자신의 봉사를 원하는 부유한 귀족이라면 누구에게든 자기가 가지고 있는 재능과 충성을 다 바치기로 결심했다. 자신을 알리기 위해 윌리엄은 다른 많은 젊은 신참기사들처럼 마상시합인 토너먼트를 치렀다. 이 가짜 전투는 현금을 벌고 전투기술을 뽐낼 수 있는 이상적인 것이었다.

윌리엄은 마상시합을 하며 지내는 생활이 매우 좋았다. 그는 다른 기사와 짝을 이루어 10개월간 총 103명의 기사를 물리쳐서 명성도 드높이고 지갑도 두둑하게 만들었다. 하지만 모든 시합이 그에게 좋게 끝난 것은 아니었다. 한번은 머리를 맞아 어깨 위에서 완전히 돌아가버린 투구를 벗겨내기 위해 가까운 대장장이를 찾아가 머리를 모루 위에 올려놓는 처지가 되기도 했다.

마상시합에서 괄목할 만한 성적을 보인 덕에 윌리엄은 곧 세력가 삼촌인 솔즈베리의 패트릭 백작의 집에서 한자리를 차지할 수 있었다. 당시는 헨리 왕 통치 중반기였는데, 패트릭 백작은 엘레오노르 여왕을 푸아티에 있는 그녀의 사유지까지 호위하는 임무를 맡았다. 여왕 일행이 목적지에 다다를 즈음 프랑스 군사들이 매복 공격을 했다. 여왕은 급히 피했고, 기사들이 앞다투어 무기를 잡았지만, 방어태세를 갖추기도 전에 패트릭 백작은 뒤에서 공격을 받고 쓰러졌다.

비겁한 공격에 분노한 윌리엄은 투구도 쓰지 않은 채 돌진해서 삼촌의 살인자들을 맹렬한 힘으로 닥치는 대로 베었다. '야생의 수퇘지가 개들 사이에서 싸우는 것 같았던' 윌리엄은 곧 말에서 떨어져 포위되었고 다리를 칼에 찔리고 말았다. 윌리엄을 잡은 이들은 몸값을 받아내기 위해 그를 말에 묶어

싸움터에서 기사들을 분간하기 위해 무기와 갑옷을 장식하던 데서 문장술이 발달했다. 펨브룩의 백작 윌리엄 마셜의 방패에는 귀족의 상징인 뒷발로 일어서는 사자(위와 오른쪽. 오른쪽은 마셜의 무덤 조상에 그려진 그림)로 장식되었는데, 아마도 마셜과 왕가와의 친밀함을 상징하는 것 같다.

왕가에 대한 헌신 덕택에 마셜은 어린 헨리 3세의 후견인 임무를 맡았다. 그는 나이가 많았음에도 불구하고 그 임무를 맡으면서 이런 말을 했다. "다른 사람들이 모두 왕을 저버린다면 내가 어떻게 할지 아시오? 나는 왕을 내 어깨 위로 모시고 한걸음 한걸음 이 섬에서 저 섬으로, 이 나라에서 저 나라로 갈 것이오. 빵을 구걸하게 된다 할지라도 절대로 그를 저버리지 않을 것이오."

데려갔다. 윌리엄 마셜이 전투에서 생포된 것은 평생 이때뿐이었다.

윌리엄은 스스로 몸값을 지불할 여력이 없었기 때문에 그의 용맹함에 깊은 인상을 받은 엘레오노르 여왕이 그의 몸값을 지불해 자유롭게 해준 뒤 그의 봉사를 받을 권리를 가졌다. 방년 21세의 나이에 윌리엄 마셜은 젊은 기사라면 누구나 열망하는 최고 위치에 도달했다. 그것은 바로 왕실에 봉사하는 것이었다.

윌리엄은 곧 엘레오노르의 큰아들인 젊은 왕 헨리의 성으로 옮겨갔다. 이곳에서 그는 자신의 기반이 안전하지 않다는 것을 깨달았다. 젊은 왕과 그의 아버지 사이의 틈은 깊어만 갔고, 이 상황에서 잘못된 쪽을 지지하게 되면 끝장이었다. 윌리엄은 심정적으로는 아버지 쪽에 이끌렸을지도 모르지만, 윌리엄의 충성을 사버린 것은 그 아들이었다. 얼마간 윌리엄은 양쪽에서 줄타기를 잘 해냈다.

그는 젊은 왕과 절친한 사이가 되었다(수행원이라기보다는 친구 쪽에 더 가까웠다). 젊은 헨리는 친구에게 자잘한 선물과 호의를 베풀었다. 윌리엄은 드디어 자신만의 기사들을 모을 수 있는 특혜를 받기에 이르렀고, 이들 기사들은 윌리엄의 문장(초록색과 노란색이 반반 섞인 기에 포효하는 붉은 사자가 그려졌다)이 새겨진 외투를 입었다. 이제 휘황찬란한 보석으로 치장한 노랑, 초록, 빨강색의 번쩍거리는 비단옷을 입고 반짝반짝 윤나게 닦은 갑옷과 투구 차림을 한 윌리엄이 젊은 헨리의 성 여기저기를 활보하는 모습을 볼 수 있었다.

1173년, 젊은 왕은 윌리엄에게 최고의 찬사를 했다. 바로 윌리엄에게 자신을 기사로 봉해달라는 부탁을 한 것이다(이것은 왕의 아버지에게 돌아가도록 남겨두는 것이 더 좋을지도 모를 영예였다). 여기에서도 윌리엄은 외교적 수완을 발휘했다. 젊은 왕의 어깨를 가볍게 치는 전통적인 동작을 취하기보다는 부드러운 입맞춤으로 대신했던 것이다.

그러나 윌리엄은 곧 자신이 성취한 성공의 희생물이 되었다. 그를 시기한 궁정 사람들은 그가 젊은 왕의 아내 마가렛과 잤다는 소문을 퍼뜨렸다. 윌리엄의 철통 같은 충성심과 스스로의 명예를 고려해볼 때 사실일 것 같지는 않았지만, 그 소문은 왕실 사람들과 신하들 사이에 걷잡을 수 없이 퍼져갔고 윌리엄도 어쩔 도리가 없었다. 감정을 노출하지 않으면서 과묵하게 어려움을 이겨내는 그의 기사도 정신은 그로 하여금 그렇게 말도 안 되는 소문을 부인하는 것을(혹은 시인하는 것조차) 막아버렸다.

사실이건 아니건 간에 그 소문은 윌리엄을 위험하게 만들었다. 플랑드르에서는 자신의 기사가 자기 아내와 관계를 맺은 것을 알게 된 필리프 왕자가 그 기사를 혹독하게 매질한 뒤 숨이 막혀 죽을 때까지 머리를 하수구에 담가놓게 한 일도 있었다. 다행히 젊은 왕은 그렇게 복수심에 불타는 반응을 보이지는 않았다. 윌리엄은 잠시 헨리의 성에서 물러나 있어야 하긴 했다. 그러나 헨리는 아버지와 형제들과의 싸움이 다시 발생하자 윌리엄을 재빨리 불러들였다.

젊은 왕의 편에 합류한 윌리엄은 곧 왕이 이질에 걸려 쓰러지는 모습을 지켜보았다. 윌리엄은 이제 전혀 다른 새로운 임무를 수행했다. 그의 감독하에 헨리의 창자, 뇌, 눈을 빼낸 뒤, 시신은 소금에 담가 황소가죽으로 싸서 꿰맨 뒤 고향으로 보내졌다. 그것은 딱히 왕족의 장례행렬이라고 할 만한 게 아니었다. 아버지에 대항해서 치른 오랜 전투로 말미암아 궁핍해진 젊은 왕에게는 제대로 장례를 치를 만한 돈도 남아 있지 않았다. 심지어 체불된 급여를 요구하는 젊은 헨리의 용병들은 윌리엄을 감금하기까지 했으며, 빚을 갚겠다는 윌리엄의 개인적 다짐이 있은 후에야 겨우 그들의 분노를 잠재울 수 있었다.

윌리엄은 앞날을 저울질해보았지만 그리 밝아 보이지가 않았다. 그러나 3

년이 지나지 않아 그는 헨리 왕의 밑에서 자리를 잡았다. 또 다른 아들인 리처드와의 사이가 다시 어려워지자 왕은 언제라도 전투에 나갈 수 있는 기사가 필요했던 것이다.

다시 한번 윌리엄은 전쟁터에서 두각을 나타냈다. 헨리 왕이 르망에서 리처드의 군대에 맞서 마지막 항전을 펼칠 때, 윌리엄은 수적으로 우세한 적군에 대항하며 한 발짝도 물러나지 않았다.

여기서 리처드는 좀처럼 보기 힘든 거의 치명적인 실수를 하게 된다. 아버지의 부하들을 다른 길로 보내버렸다고 생각한 리처드가 무기를 버리고 말의 짐을 덜어 가볍게 한 뒤 전속력으로 앞서 나가 자신의 승리를 알리려고 한 것이다.

매복해 기다리고 있던 윌리엄은 무방비 상태의 리처드를 창끝으로 겨누었다. 윌리엄을 알아본 젊은 왕자는 무장하지 않은 사람을 죽이는 것은 부도덕한 짓이라고 소리쳤다. 윌리엄은 어쩔 수 없이 그 말에 동의했다. 그는 창끝을 낮추어 리처드가 타고 있던 말을 죽이고 리처드의 목숨은 악마의 손에 맡겨버렸다. 반란을 일으킨 왕자의 목숨을 살려준 것은 잘한 일이었다. 윌리엄이 다시 군사를 재정비했을 즈음 헨리 왕은 세상을 떠났다.

윌리엄은 자신의 충성심 때문에 위태로운 처지가 되었다. 그는 용맹스럽게 왕을 섬겼지만, 이제 왕좌를 물려받게 된 리처드와는 적이 되어 있었던 것이다. 그는 이제 왕족에게 봉사하는 일은 끝났다고 생각했다. 그러나 이미 사자심왕 리처드로 유명해지고 있던 새 왕은 원한을 품고 있기에는 너무나 현실적인 사람이었다. 리처드는 윌리엄에게 감탄했고 즉시 그를 자신의 신하로 받아들였다. 심지어 리처드는 윌리엄에게 1189년 9월 자신의 대관식에서 왕의 홀을 드는 영예를 주기까지 했다.

윌리엄 같은 사람이 새 왕의 호감을 살 수 있었던 이유는 분명하다. 전 생애를 프랑스에서 보냈던 리처드는 잉글랜드에 대해서는 별로 신경을 쓰지 않앉다. 그는 생전에 잉글랜드를 딱 두 번 방문했는데, 그 한 번이 바로 자신의 대관식 때였다. 그는 "사겠다는 사람만 있다면 런던을 팔아버리겠다"고 말한 적도 있다. 리처드는 윌리엄 마셜이라면 자신이 다른 곳에 대한 권리를 주장하는 동안 일이 제대로 돌아가게 감시하는 임무를 믿고 맡길 수 있다는 것을 알았다. 그러나 리처드는 그보다 먼저 윌리엄의 지위를 훨씬 더 높여주어야만 했다. 그는 땅을 하사하고, 나라에서 가장 부유한 상속녀 중 하나였던 스트리길의 이사벨과의 매우 운 좋은 결혼을 허락함으로써 윌리엄의 지위를 높여주었다.

윌리엄은 스트리길의 영주로서 멋진 성을 2개나 소유했으며, 다른 수많은 성도 자신의 관할하에 두었다. 그러나 윌리엄은 그 모든 부와 영향력에도 불구하고 여전히 싸움터에서 군대를 이끌 때 가장 행복해했다. 그는 1197년 리처드가 프랑스의 왕 필리프 2세와 새로이 전쟁을 시작하자 군대를 이끌고 나갔다. 윌리엄은 이때 나이 50세였다. 그러나 그의 군대가 밀리-쉬르-테랭의 성을 공격하자 그는 싸움이 한창인 곳으로 달려가 직접 사다리를 타고 올라가서는 성주의 투구에 일격을 가해 쓰러뜨렸다. 전력을 다한 싸움 끝에 탈진한 윌리엄은 전투가 한창 치열하게 벌어지는 와중임에도 불구하고 의식을 잃은 성주의 몸 위에 털썩 주저앉았다.

그러나 이 행복한 상황은 1199년 봄, 리처드 왕이 성의 방어진을 돌아보다가 어깨에 쇠뇌 화살을 맞았을 때 끝이 났다. 왕은 그로부터 11일 뒤에 숨을 거두었으며, 왕관은 그의 동생 존에게 물려주었다. 존 왕의 통치는 16년간 계속되었으며, 윌리엄은 그 밑에서 초라하게 지냈다. 존 왕은 윌리엄의 땅과 특혜를 빼앗는 것을 즐기는 것 같았다. 한번은 윌리엄에 대한 불신이 너무나 커져 그의 아들 중 2명을 인질로 요구하기도 했다. 윌리엄은 이런 불운을 그가 늘 지니고 있던 위엄으로 잘 견뎌냈고, 결국 말썽 많던 왕은 마지못해 그를 존경하게 되었다(1216년 왕의 임종시 윌리엄 마셜의 이름은 왕의 아들이자 9세의 왕위 계승자인 헨리의 안위를 부탁하는 귀족들의 목록에서 제일 위에 올랐을 정도였다).

월리엄은 왕의 섭정으로서 왕의 후견인뿐 아니라 여러 면에서 잉글랜드 미래의 수호자가 되었다. 그가 가장 먼저 추한 행동은 어린 헨리 3세의 기사 서임식을 치러주는 것이었다. 월리엄은 생어 두 번째로 왕을 기사로 서임했다.

어린아이를 왕좌에 앉힌 잉글랜드는 존재적으로 매우 불안정한 변화에 직면했다. 그러나 어린 왕의 곁에 월리엄 마셜이 있다는 사실은 좀더 안정되었던 과거와의 연결고리가 되어 위안을 주었다. 이 시기에 월리엄의 권력과 부는 최고조에 이르렀다. 그는 심지어 60여 년 전 자신이 투석기 바구니에 앉혀졌던 곳인 뉴버리 성까지 소유했다.

섭정 월리엄은 헨리 3세의 통치에 기꺼이 복종하는 귀족들에게는 관대한 조건을 제시하고, 가능하다면 존 왕이 부당하게 저질렀던 일들을 원상회복시키려고 함으로써 소요를 미리 차단했다. 그러나 어린 왕이 집권한 뒤 1년이 지나 링컨 시가 반란군의 손에 들어가고 말았다. 월리엄은 자신이 최선이라 생각한 방식으로 그 문제를 해결하기로 결심했다. 그는 기사 406명, 궁수 317명으로 된 군을 조직해 링컨 시를 되찾기 위해 떠났다.

"나는 이제 죽는다…
죽음으로부터 내 자신을 지켜낼 수가 없다."

아마도 월리엄은 이것이 그의 마지막 전투가 되리라는 것을 알았을지도 모르겠다. 이제 70대에 접어든 그였지만, 자신의 개인적 안위는 염두에도 없는 모습은 50여 년 전 처음 전투의 맛을 알았던 그때와 똑같았다. 이 노병은 싸움에 뛰어들기를 너무나 간절히 원한 나머지, 주위에서 투구를 쓰라는 말을 해야 쓸 정도였다. 월리엄의 군대는 격전을 펼친 끝에 겨우 승리를 거두었다.

갑옷과 투구는 찌그러졌지만 그의 늙은 몸은 상처를 입지 않고 전투를 끝낼 수 있었다.

그로부터 2년 뒤 윌리엄은 갑자기 병에 걸리고 말았다. 그보다 더 운 좋은 탈출은 없었을 것이다. 윌리엄은 마지막이 다가왔음을 깨닫고 그 어떤 군사 작전만큼이나 치밀하게 그의 생애 마지막 4개월을 준비했다. 그는 죽음을 맞이하는 병상에서 조용히 정권을 이양하고, 11세 된 왕의 마지막 방문을 받으며, 성전 기사단의 종교의식에 몸을 맡겼다. 그런 다음 시종이 그의 얼굴을 장미 꽃잎으로 향을 낸 물로 닦는 동안 가족들에게 간단히 인사했다.

"나는 이제 죽는다. 너희들을 하나님께 맡긴다. 더 이상 너희들과 함께 있을 수가 없구나. 죽음으로부터 내 자신을 지켜낼 수가 없다."

그는 1219년 5월 14일 십자가에 의연하게 시선을 고정시킨 채 숨을 거두었다.

윌리엄 마셜의 죽음으로 기사도 역사의 자랑스러운 한 장이 막을 내렸다. 그와 전투에서 대결했던 사람들이 가장 진심어린 애도를 나타냈다는 것은 그리 놀랄 일도 아니다. 프랑스의 필리프 왕은 이렇게 말했다. "윌리엄 마셜은 내가 알고 있는 사람 중에서 정말로 가장 충성스러운 사람이었다."

신의 이름으로—십자군 원정

"야만인들의 광포함이 동방에 있는 하나님의 교회를 유린했으며, 심지어 (말을 꺼내기도 부끄럽지만) 그리스도의 성스러운 도시 예루살렘을 빼앗아 노예 상태로 전락시켰다." 교황 우르바누스 2세는 이런 말로써 유럽 전역의 기독교인들을 설득해 특별한 성지순례, 즉 새로운 종교 이슬람을 퍼뜨리며 근동 지역을 휩쓸어 예루살렘을 차지한 이슬람 교도들에 대항하는 성전에 참여하기를 호소했다.

유럽의 기독교인들은 이에 응답했다. 중세의 평신도들에게 십자군에 참여하는 것보다 더 큰 소명은 없었기 때문이다. 하나님을 경외하는 남녀 수천 명은 십자가를 앞세우고 죽음을 무릅쓰며 이교도들로부터 성지를 되찾기 위해 나섰다. 그들은 신앙 외에는 별로 무장한 게 없는 광적인 신자들과, 창과 칼로 무장한 귀족과 기사들(오른쪽에 말과 함께 있는 십자군 전사처럼)의 지휘를 받으며, 어느 목격자가 표현했던 것처럼 "해변의 모래알이나 하늘의 별보다도 더 많은" 무리를 이루었고, "종려 나무 잎을 들고 어깨에는 십자가를 짊어졌다." 순례자들은 집과 가족을 떠나 멀리서 왔을 뿐만 아니라 죄의 사함과 천국에서 확실하게 한자리 얻을 수 있으리라는 믿음으로 대부분 전재산을 여행경비로 쏟아넣었다.

십자군 전사들은 폭력적인 시대에 살았다. 11세기 유럽은 이제 겨우 암흑시대로부터 벗어나기 시작했으며, 교전 중인 분파들은 서로 약탈을 자행하고 있었다. 잔인함은 도처에서 발견되었고, 서민들의 삶은 힘들었다. 많은 이들에게 십자군이 부르짖던 희생은 일상적인 생존의 연장에 불과했다. 단 한

가지 매력적인 차이점이 있었다면, 그것은 구원을 가져다줄 것이라는 점이었다.

　교황 우르바누스 2세가 그리스도의 전사로 봉사하는 귀족·기사들과 함께 취한 군사행동이었던 제1차 십자군 원정은 예상했던 것보다 훨씬 더 많은 평민들을 끌어들였다. 훈련도 받지 않았고, 규율도 없고, 제대로 된 지휘도 받지 못한 이들은 약 3,200km의 육로 여정을 시작한 5만 명 이상의 유럽 인들 중 첫 번째 무리가 되었다. 가는 도중 수천 명이 죽었으며, 이슬람 교도 요새 두 곳을 차지하려다가 또 수천 명이 사라져갔다. 그 다음 원정에는 말 탄 기사들과 보병들이 예루살렘으로 진격하면서 서너 개의 도시를 빼앗는 데 성공했다. 그러나 그들 역시 엄청난 피해를 입었다. 단 하루 동안 500명이 갈증으로 죽었으며, 극심한 배고픔으로 어떤 이들은 자신의 말, 심지어 적군의 살까지 먹어치웠다. 그러나 그들의 인내와 용기는 귀감이 되었고, 잉글랜드의 사자심왕 리처드와 독일의 붉은수염왕 프리드리히와 같은 미래의 십자군 전사 세대는 이를 본받아 십자가를 지고(오른쪽에 보이는 지도에서는 간단하게 그려져 있지만) 멀고 힘든 길을 따라 전진했다.

베르동
파리
베젤레
클레르몽
리
툴루즈
에그모르트
아비뇽
마르세유

교황 우르바누스 2세가 "성지 예루살렘을 해방시키기 위해 신자들은 일어나 제1차 십자군 원정에 합류하라"고 간곡히 호소하는 설교를 하고 있다. 우르바누스는 십자군 원정에 나갈 가능성이 있는 이들에게 돈이 많지 않아도 하나님의 자비로 돈이 생길 것이라는 약속을 했다.

기사가 수사 앞에 무릎을 꿇고 원정길에 가지고 갈 십자가를 받고 있다. 십자군은 집에 돌아올 때까지, 자신의 맹세가 지켜질 때까지 십자가를 달고 다녔다.

뉘른베르크
레겐스부르크
빈
부다
베네치아
제노바
자다르
베오그라드
로마
바리
오트란토
콘스탄티노플
니케아
도릴라이움
카이세리
에데사
사르데냐
칼리아리
메시나
이코니움
타르수스
안티오크
튀니스
시칠리아
키프로스
트리폴리
베이루트
다마스쿠스
시돈
티레
아크레
하이파
야파
예루살렘
지 중 해
다미에타
알만수라
카이로

십자군의 출격

십자군 원정에 참가하는 것은 돈이 많이 드는 일이었다. 많은 기사들이 참전하기 위해 후원자를 찾았으며, 어떤 이들은 땅을 팔거나 저당 잡히기도 했는데, 이 때문에 자신은 물론 가족의 장래도 위태롭게 만들었다. 노르망디 공작 로버트는 제1차 십자군 원정에 참가하기 위해 자신의 모든 공작령을 저당 잡히기까지 했다.

왕이 치러야 할 대가도 엄청났다. 프랑스의 루이 9세는 6년이나 집을 떠나 있었는데, 그 기간 동안 왕가 식솔들을 부양하는 것은 물론 기사, 궁수, 집사들의 급여 등 엄청난 경제적 부담을 져야만 했다. 보급품 경비, 성지 요새 건축비 및 유지비, 그외 드러나지 않은 수많은 경비는 말할 것도 없었다. 루이 왕의 십자군 원정경비 산출기록을 보면 연간 왕실 수입의 12배를 지출한 것으로 나와 있다.

재정 문제와 함께 악몽과도 같은 병참 문제도 십자군의 머리를 아프게 했다. 십자군 원정 후반부에 가서야 사람과 장비를 이동시키는 일이 좀더 수월해졌다. 지중해상으로 이동하는 방법이 개선됨에 따라 성지까지 육로보다 배로 가는 것이 훨씬 더 실용적이었다. 식량과 군마, 무기 등을 실은 거대한 화물은 항해자들을 든든하게 해주었을지 모르나 뱃길여행 자체는 용맹스런 많은 십자군 전사들을 두렵게 만들기도 했을 것이다.

십자군에 참가한 기사들은 그 특혜에 대한 대가를 톡톡히 치렀다. 장비와 말에 소요되는 경비만 해도 기사 연봉의 2배가 되기도 했다.

루이 9세가 십자군 원정길을 떠나고 있다. 그는 장비와 보급품을 싣기 위해 작은 마을을 거대한 항구로 바꿔놓았다.

교황 인노켄티우스 3세는 아래 보이는 것과 같은 기부금 함을 모든 교회에 비치해놓고 십자군 전사들을 위해 모금을 했다.

방어 장비
이슬람 교도들의 화살로부터 보호하기 위해 기마 기사들은 쇠로 된 투구와 사슬미늘로 된 상하의를 입었다. 그러나 기사들은 투구와 갑옷의 무게에 짓눌려버렸으며, 막상 기마전에서는 날쌘 말을 타고 좀 더 가벼운 차림을 한 적군이 유리했다.

"주님 안에서 죽은 이들이 축복받는다면,
주님을 위해 죽은 이들은 얼마나 큰 축복을 받겠는가."

| 예루살렘, 성전의 볼모

초기의 십자군 전사들이 1099년 6월 7일 처음으로 예루살렘을 보았을 때, 예루살렘은 마치 천국의 풍경처럼 햇빛에 반짝이고 있었다. 그들은 깊이 감동한 나머지 무릎을 꿇고 자신들을 그곳으로 인도한 신께 감사드렸다. 그러나 그들은 곧 당시 가장 철저히 요새화된 곳 중 하나였던 성벽에 둘러싸인 그 도시를 차지한다는 것이 결코 쉬운 일이 아니라는 것을 마음속 깊이 깨달았다. 그들이 필요로 하는 것은 신께서 내려주시리라 믿으며 예루살렘을 포위공격하던 1만 3,000명의 십자군들이 오히려 포위되는 신세가 되었기 때문이다.

사다리가 없어서 성벽을 타고 올라갈 수 없었던 그들은 음식, 물, 기타 보급품 등을 거의 구할 수 없다는 사실을 뒤늦게 알았다. 예루살렘의 방어자들은 영리하게도 미리 조치를 취해 우물을 메우거나 독을 타놓았다. 그러나 기적과도 같이 잉글랜드와 제노아의 배가 갑자기 해안에 나타나 목수와 나무를 가져다주었고, 그것으로 성벽을 타고 올라갈 수 있는 사다리와 이동 가능한 탑을 만들었다.

이런 설비를 갖춘 십자군 전사들은 7월 10일 공격을 감행했다. 그들은 일제히 쏟아지는 불화살 사이로 천천히 진격하며 육중한 탑을 위협적인 성벽 쪽으로 조금씩 밀고나아갔다. 5일 뒤 발판이 놓여졌고, 십자군은 예루살렘으로 쏟아져 들어가기 시작했다.

성지 안에서 십자군 전사들은 달아나는 민간인들에게 칼을 휘두르고 난도질을 했다. 그들은 민간인들을 '죽이고 사지를 절단했으며', 심지어 여자나 아이들에게도 인정을 베풀지 않았다. 그 전투의 지휘관들은 교황에게 이렇게 썼다. "예루살렘 안에서 발견한 적들에게 우리가 무슨 짓을 했는지 알고 싶으시다면, 이렇게 아시면 됩니다. 우리 전사들은 솔로몬과 하나님의 성전에서 말의 무릎까지 차오른 사라센 사람들의 피 속을 헤집으며 날뛰었습니다." 7월 15일, 예루살렘이 함락된 뒤 죽은 이들의 수가 너무 많아 그 시체가 '집채만큼이나 커다란' 화장 더미를 이루었

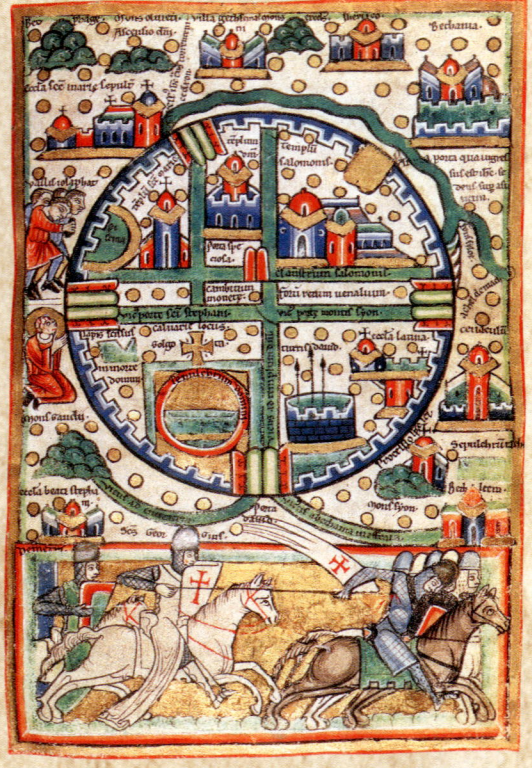

종교 유적 일부를 보여주는 13세기 예루살렘 지도. 그리스도의 무덤 (왼쪽 아래), 이슬람 사원(오른쪽 위), 그 아래로 예루살렘의 성채인 다윗의 탑이 보인다.

전투 뒤의 무자비함
신의 허락을 받았다고 믿었던 제1차 십자군 기사들은 예루살렘에서 닥치는 대로 사람들을 죽였다. 12세기 역사가는 "그럼에도 불구하고 수많은 시체와 사방에 쌓여 있는 찢어진 팔다리를 아무 두려움 없이 바라보는 사람은 없었다"고 기록했다.

예루살렘을 공격할 때 십자군 전사들은 이슬람 교도들의 완강한 저항을 받았다. 그러나 사다리와 목탑 덕택에 십자군 전사들은 벽을 타고 올라가 예루살렘을 차지할 수 있었다.

다. 한때 2만 명으로 추정되던 이슬람 교도들과 유대 인들이 살았던 곳에 이제 남아 있는 사람이라고는 아무도 없게 된 것이다.

이슬람 군대가 예루살렘으로 오고 있다는 것을 안 십자군 전사들은 승리의 흥분이 가시지 않은 상태에서 도시 밖으로 행진해나가 7월 29일 아스칼론에서 전진 중인 이슬람 군대를 만났다. 비록 기독교 군대의 수는 겨우 기병 5,000명, 보병 1만 5,000명으로 훨씬 더 많은 수의 적을 상대해야 했지만, 십자군 전사들은 적군 수천 명을 죽이고 살아남은 적군을 퇴각시키는 승리를 거두었다.

승리한 십자군 지휘관 중 남아서 예루살렘과 주변 지역을 통치하는 일은 부용의 고드프루아에게 주어졌다. 고드프루아는 왕이라 불리길 거부했다. 그는 그런 이름은 그리스도의 도시에서는 주제 넘은 것이라고 생각했으며, 대신 '성묘 수호자'라 불리길 원했다.

새 지도자를 기다리는 임무는 엄청났다. 예루살렘이 기독교인의 수중에 떨어지자 대부분의 십자군 전사들은 유럽의 고향으로 돌아갔으며, 겨우 300명의 기사와 2,000명의 보병만이 남아서 그곳을 지켜야 했다. 그러나 고드프루아는 자신이 그 임무를 감당할 만하다는 것을 입증하기도 전에 세상을 떠났다. 그 임무는 고드프루아의 동생 보두앵에게 넘어갔으며, 그는 자신을 왕이라 부르는 데 주저하지 않았다.

그후 2세기 동안 산맥과 지중해 사이 약 960km의 길을 따라 생겨난 십자군 국가의 기독교인들은 끊임없는 공격의 위협을 받았다. 이슬람 교도들은 예

"아크레의 마지막 한 사람까지 다 목이 베어졌다."

루살렘을 빼앗긴 수치를 잊을 수가 없었다. 이슬람 교도들은 예루살렘을 메카와 메디나에 이어 '세 번째로 성스러운 하나님의 장소'로 여겼다. 그곳은 이슬람의 선지자 마호메트가 승천한 곳이었다. 1187년 예루살렘은 이슬람의 훌륭한 지휘관 살라딘에게 함락되었다. 예루살렘을 잃은 충격이 너무나 컸던 나머지 교황 우르바누스 3세는 그 소식을 듣고 급사하고 말았다.

십자군 전사들에게 이것은 종말의 시작이었다. 비록 1229년에 예루살렘을 되찾긴 했지만 그 승리는 오래 가지 못했다. 1244년 예루살렘은 다시 이슬람이 차지하게 된다. 그리고 47년 뒤인 1291년 이집트에서 출격한 대규모 군대가 기독교인들의 항구도시 아크레를 포위했다. 이중의 벽으로 둘러싸인 성에서 800명의 기사와 1만 4,000명의 보병들은 잘 싸웠으나, 수십 개의 투석기로 수백 개의 무거운 돌과 불 폭탄을 성으로 쏘아대는 적군을 대적하기에는 역부족이었다. 포위된 지 7주 후 아크레는 항복했으며, 곧 이슬람 교도들이 들어가 사람들에게 보복했다. "아크레의 마지막 한 사람까지 다 목이 베어졌다." 아랍의 연대기 작가는 패배자들에 대해 이렇게 썼다. 또 "아크레는 무너져버렸고 철저히 파괴되었다."

몇 개월 내에 최후의 기독교 요새가 이슬람의 수중에 떨어졌다. 이로써 무력행위로 올랐던 성지순례였던 십자군 전쟁이 끝나게 된 것이다.

북과 뿔나팔 소리를 신호로 이슬람 교도들은
아크레에 최후의 공격을 가했다.
이어 그들은 기독교인들의 머리를 잘라
말의 목에 걸고 가서 술탄에게 바쳤다.

귀향

고향에 돌아온 어떤 십자군 전사들에게는 자신을 기다리는 아내(아래)와 집과 살림이 그대로 남아 있었다. 탐욕스런 친척이나 이웃들이 십자군 전사들의 가족을 괴롭히고 재산을 강탈하는 일은 흔했다. 부자가 되어 돌아온 십자군은 거의 없었으며, 자신이 겪은 고통을 보여주기 위해 가지고 있는 것이라고는 겨우 위와 같은 작은 십자가 외에 별다른 게 없었다.

하나님의 과업을 성공하지 못한 사람을 기다리는 것은 고향 사람들의 경멸뿐이었다. 그들이 저지른 죄 때문에 하나님께서 축복을 거두셨다고 믿었기 때문이었다.

3 :: 장원의 탄생

아브라일은 그 자신이 일구는 흙과 같은 사람이었다. 손톱은 흙으로 까매졌고, 여원 얼굴의 주름살과 바지와 튜닉, 모자 속으로 흙이 파고들었다. 밤에는 딱딱하고 더러운 바닥에서 잠을 잤다. 그가 매일 아침 밖으로 나가 맨 처음 보는 것은 숲으로 둘러싸인 울퉁불퉁한 들판 위로 펼쳐진 생명의 땅이었다. 회색빛이 도는 겨울 새벽, 그 들판은 서리가 내린 검은 산등성이 사이에 파묻혀 있었다. 농사가 잘될 해라면 2월 초쯤에는 새로 돋아나는 풀처럼 드문드문 푸른 가을밀 새싹이 나오는 게 보였다. 숲속에서 뻐꾸기 노랫소리가 들릴 때쯤이면 여름보리와 귀리의 싹이 텄다. 그리고 5월 말이면 들판은 온통 연녹색으로 뒤덮였다. 서로 다른 종류의 농작물들(각종 콩 종류와 푸른 아마 등)이 밀과 보리 사이에 자라났다. 하지만 가장 중요한 것은 생명의 양식인 곡물류였다. 아브라일의 주인들이 못하게 말리기도 했지만, 그래도 그는 곡물 농사가 잘되도록 땅의 신령들에게 기도를 올렸다.

아브라일의 주인들이 이러한 이교도 관습을 중단시키려 한 데에는 그럴 만한 이유가 있었다. 그들은 파리 근처의 생제르맹데프레 수도원의 수사들이었다. 수사들이 우려한 것은 영적인 이유에서만은 아니었다. 카롤루스 황제와

플랑드르 지방 장원의 전형적인 모습. 장원의 영주가 관리인과 포도 수확에 대한 이야기를 나누고 있으며, 농부들은 괭이질을 하고 과일을 따고 포도넝쿨을 잘라내고 포도알을 으깨고 있다. 왼쪽 건물 안에서는 2명의 일꾼들이 통에 저장된 포도주를 맛보고 있다.

113

농부의 일과는 왼쪽에 보이는 농사력에 그려진 것처럼 계절에 따라 해야 하는 일에 좌우되었다. 임무를 완성하기 위해 일꾼들은 낫과 삽 같은 다양한 농기구의 힘을 빌릴 수도 있었다. 그러나 농사짓는 데 무엇보다도 중요한 도구는 무거운 바퀴가 달린 쟁기였다. 황소 대신 좀더 빠른 말을 농사에 쓸 수 있도록 해준 푹신한 줄이 말의 목둘레에 씌워져 있는 것으로 보아 오른쪽 그림 속의 쟁기는 중세 후기에 만들어진 모형이다.

다른 영주, 고위 성직자들과 마찬가지로 그들은 9세기 유럽의 거대한 지주들이었다. 그들이 소유하고 있던 재산 중 하나가 파리에서 남서쪽으로 약 240km 떨어진 뇌이예에 있었고, 바로 이곳에서 아브라일이 살았다.

생제르맹 대수도원 원장 이르미농이 806년에서 829년 사이에 자세히 실시한 토지조사에 따르면 뇌이예는 떡갈나무, 너도밤나무, 단풍나무, 자작나무 숲으로 둘러싸인 약 0.53km² 크기의 개간된 경작지와 목초지였다. 그 땅에서 부를 일구어내기 위해 생제르맹의 수사들과 같은 지주들은 새로운 경영방식을 만들어냈다. 그것이 바로 장원제도이다.

장원은 토지 전체를 일컫는 말로서, 그것은 영주 자신이 직접 사용하는 땅인 직영지와 농부들에게 경작용으로 빌려준 훨씬 더 넓은 땅으로 나뉘어졌다. 소작료를 지불하기 위해 농부들은 영주에게 농산물을 바치고, 영주의 직영지에서 일했다. 그런 다음 남는 시간에 자신의 땅에서 일을 했다.

장원제는 중세의 전 기간에 걸쳐 농촌지역의 삶을 지배했다. 비록 매우 보수적이긴 해도 계속해서(느리긴 했지만) 변화는 있었다. 그런 과정에서 대단히 자치적이고 점점 더 자신의 삶을 스스로 통제할 수 있는 사람들의 공동체가 자라났다. 그들 중 일부는 자신이 직접 부유한 지주가 되기도 했는데, 이들은 구체제에서 등장한 완전히 새로운 계층이었다.

아브라일은 자신이 살았던 사회에 큰 영향을 미치는 거대한 구조에 대해서는 잘 알지 못했다. 아마도 멀리 라인 강 근처 아헨의 궁전에서 지낸다는 황제에 대해서는 들어본 적이 있을 것이다. 그는 생제르맹 수도원에 땔감을 배달하기 위해 1년에 한 번씩 멀리 파리까지 나갔다. 그러나 땅에 묶인 생활을 하던 아브라일에게 세상의 중심은 최선을 다해 근근이 생계를 꾸려나간 장원 영지였다.

아브라일에게 봄은 특히 바쁜 계절이었다. 봄에는 자신의 밭 이외에도 대부분의 시간을 수도원의 땅에서 일하면서 보내야 했다. 그것은 대수도원장을 대신해 영지 일을 봐주는 장원 관리인에게 보고해야 한다는 것을 뜻했다. 일에 늦으면 안 된다는 것을 알고 있던 아브라일은 일찍 일어나야 했는데, 아마도 짚으로 만든 깔개를 덮은 진흙 침상에서 밤을 보내 뻣뻣해진 몸을 일으켜세워야 했을 것이다.

사람은 물론이고 귀중한 가축이 함께 지냈던 집 앞에서 농민 부부가 장작을 패고 줍는 일상적인 집안일을 하고 있다.

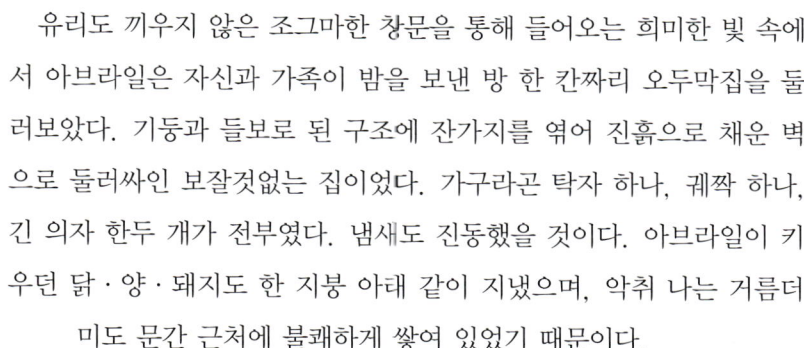

유리도 끼우지 않은 조그마한 창문을 통해 들어오는 희미한 빛 속에서 아브라일은 자신과 가족이 밤을 보낸 방 한 칸짜리 오두막집을 둘러보았다. 기둥과 들보로 된 구조에 잔가지를 엮어 진흙으로 채운 벽으로 둘러싸인 보잘것없는 집이었다. 가구라곤 탁자 하나, 궤짝 하나, 긴 의자 한두 개가 전부였다. 냄새도 진동했을 것이다. 아브라일이 키우던 닭·양·돼지도 한 지붕 아래 같이 지냈으며, 악취 나는 거름더미도 문간 근처에 불쾌하게 쌓여 있었기 때문이다.

방 한가운데에는 아내가 전날 밤 식사를 만들었던 뚜껑 없는 화로가 보였다. 식사로는 주로 수프나 귀리죽을 먹었다. 물론 화로의 열기는 초가지붕에 난 구멍으로 빠져나간 연기처럼 사라진 지 오래였다.

아브라일은 근육을 쭉 뻗으면서 집을 나설 준비를 했다. 아마도 그의 세 아이들은 아직 자고 있겠지만, 남편 못지않게 힘든 하루 일을 보낼 아내는 깨어 있었을 것이다. 그녀의 이름은 베르튈디였다. 프랑크 족 풍습에 따라 아이들의 이름은 그녀와 아브라일의 이름을 따라 아들들은 아브랑과 아브르마뤼라 지었고, 딸은 베르트라다라 지었다.

이르미농 대수도원장의 조사에 의하면 아브라일은 노예였다. 그가 왜 그런 미천한 신분을 갖게 되었는지는 알 수 없다. 아마도 단순히 아버지가 노예여서 그도 노예가 되었을 수도 있다.

금속은 드물고 귀했기 때문에 왼쪽에 보이는 쇠로 만든 솥은 아마도 부유한 지주의 소유였을 것이다. 가난한 사람들의 단지와 식기는 아래 보이는 주전자와 수저처럼 보통 흙이나 나무로 만들어졌다.

베르틸디는 절반은 자유민으로 기록되었는데, 한때 노예였지만 의무가 가벼워진 경우였을 수도 있다. 뇌이예에는 자유민들도 살았지만, 그들 역시 영주의 보호를 받는 대신 자신의 토지를 바치고 장원에 예속된 몸이었다. 사실 그런 구분은 농노라는 하나의 소작인 계층으로 통합되던 뇌이예와 같은 장원에서는 아무런 의미가 없었다.

아브라일은 아내에게 인사를 하고 장원 관리인의 커다란 집을 향해 떠났다. 장원 관리인의 집은 방이 서너 개 되는 석조가옥으로 뇌이예의 중앙에 있었다. 주변에는 다른 여러 가지 농장 건물(헛간, 마구간, 빵 굽는 곳, 부엌)과 집안 노예들이 거주하며 일했던 나무로 지은 오두막도 있었다.

아브라일의 집에서 장원 관리인의 집까지 걸어가는 길은 그리 멀지 않았다. 그는 가는 도중에 삽, 갈퀴, 낫 등을 든 다른 사람들을 만나 함께 갔다. 그날이 쟁기질을 하는 날이었다면, 아브라일은 당시 새로 나온 쟁기 중 하나를 사용했을 것이다. 새로 나온 쟁기는 뗏장을 자르는 날, 뗏장을 파내는 보습 기둥과 철제 보습, 고랑을 갈아 뒤집는 나무로 된 볏, 방향과 깊이를 조정하는 지지대가 달려 있었다. 그러나 대부분의 사람들은 여전히 땅 표면을 겨우 긁기만 하는 가벼운 스크래치 쟁기를 사용했고, 그런 경우에는 반대 방향에서 다시 한번 쟁기질을 한 뒤 삽질로 흙을 뒤집어야만 했다.

중세의 모든 농부들은 자신들이 땅에 의존해 살고 있다는 것을 알았으며, 심지어 땅에 대해 깊은 경외심도 가지고 있었으나, 어떻게 해야 땅을 비옥하게 유지할 수 있는가에 대해서는 잘 알지 못했다. 거름은 거의 쓰지 않았으며, 설령 쓴다고 하더라도 주로 부엌에 딸린 정원에만 썼다. 또한 알팔파나 클로버 같은 작물을 심어 땅에 양분을 주는 것과 같은 개념은 알려지지 않았다. 그러나 윤작에 대해서는 알고 있었다. 수대에 걸친 경험으로 땅을 묵히지 않고 두 해 정도 연달아 경작하면 땅의 영양분이 고갈된다는 것을 체득하고 있었던 것이다. 사실 아브라일은 이미 세 군데 밭에서 돌아가며 농사를 짓고 있었는데, 차츰 전 유럽에서 이런 경작법으로 농사를 짓게 되었다. 그는 한 군데에는 가을에 겨울밀을 심었고, 또 한 군데에는 연초에 여름귀리를 심었으며, 또 다른 한 군데 밭은 다시 비옥해질 수 있도록 경작하지 않은 채로 묵혀두었다.

아마도 약 165cm 정도의 튼튼한 체격을 가졌으리라 짐작되는 아브라일은 영주의 직영지에서 착실히 황소를 몰아 땅을 갈아엎고 이랑을 만들며 하루종일 쟁기질을 했을 것이다. 이런 봄날도 좋았지만, 그는 가죽처럼 질긴 구릿빛 얼굴이 증명하듯 어떤 날씨에도 불구하고 일하는 데 익숙해져 있었다. 밭에서 오랜 시간을 보내며 그가 무슨 생각을 했는지는 아무도 모른다. 하지만 분명히 장원 관리인이나 그 조수들을 종종 생각했을 것이다. 그들은 아브라일이 게으르다 싶으면 그에게 벌을 내리기도(심지어 매질을 하기도) 했다. 장원에서 그렇게 힘 있는 인물과 좋은 관계를 유지하는 것은 확실히 중요했는데, 달걀 같은 조그만 선물은 종종 도움이 되었다. 그러나 생제르맹 대수도원장은 대부분의 다른 영주들보다 더하면 더했지 이런 관행을 절대 눈감아주지 않았다.

아브라일은 깨끗한 셔츠와 속바지, 모자가 달린 겉옷, 스타킹, 따뜻한 외투를 입고 양가죽 장갑을 낀 대수도원장과 수사들에 대해서도 생각했을지 모른다. 수사들에게는 매년 새 의복이 지급되었지만, 아브라일은 갈아입는 것은 고사하고 때가 덕지덕지 묻은 튜닉과 바지 한 벌을 다 해질 때까지 입었다.

육체노동을 하는 많은 사람들처럼 그도 먹는 생각을 그칠 때가 없었다. 사실 음식을 먹을 때가 그가 유일하게 일을 멈추는 때였다. 아마도 다른 일꾼들과 함께 나무그늘 밑에서 식사를 했을 것이다. 그는 주인들은 그보다 더 좋은 음식을 먹는다는 것을 알고 있었다. 그들은 농노가 제공하는 양고기와 돼지고기, 닭고기, 오리고기, 거위고기는 물론 흰 빵, 치즈, 숲에서 사냥한 고기, 장원의 연못에서 잡은 생선 등을 먹었다. 마실 것으로는 포도밭에서 나오는 포도주를 마셨다. 아브라일은 자신의 음식으로 스스로를 위로했다. 그가 먹은 것은 거친 호밀이나 잡곡으로 만든 빵, 곡물 스튜, 집 정원에서 기른 채소 등이었고, 에일 맥주나 물로 목을 축였다. 가끔 돼지고기를 먹을 때도 있었다.

그것은 영양분이 골고루 갖추어진 식단은 아니었으며, 풍년이었을 때도 남자들이 필요로 하는 철분의 양을 거의 제공하지 못했다. 남자보다 2배나 더 많은 양의 철분이 필요한 여자들은 종종 악성 빈혈에 시달렸으며, 그로 말미암아 치명적인 상태가 될 수도 있는 질병에 걸리기도 했다. 그러나 오랫동안 흉년이 들었다. 아마도 아브라일은 791년의 기근을 떠올렸을지도 모르겠다. 당시 농노들은 눈에 띄는 것이면 닥치는 대로 먹었다. 밀가루가 섞인 흙, 뿌리, 말, 심지어 인육을 먹기까지 했다고 한다.

그렇게 힘든 시절에 대한 기억은 아브라일로 하여금 지금의 심한 고생을

다른 사람들이 차례를 기다리는 동안 겸손하게 무릎을 굽힌 농부가 장원의 영주에게 소작료(돈이나 물건 또는 가축)를 내고 있다.

견딜 수 있도록 도와주었다. 그는 추수를 하고, 거름을 나르고, 근처 마을에 장작을 운반하는 것과 같이 장원에서 1년 내내 해야 하는 잡일을 하고 있었다. 또한 주인의 숲에서 나무를 베고 돼지의 먹이를 먹이는 일, 농작물의 그루터기만 남아 있는 주인의 밭에서 가축을 방목하는 일, 주인의 방앗간에서 곡식을 빻는 일 등을 하는 것에 대해 주인에게 그 대가를 지불해야 했다. 그 외에도 교회에 십일조를 내야 했으며, "양 2마리, 닭 8마리, 달걀 30개, 두꺼운 널빤지와 지붕널 100장, 통널 12장, 통널을 묶을 테 6개, 횃불 12개"를 군역세(군대에 가지 않는 대가)로 바쳐야만 했다.

그 대신 대수도원장은 아브라일에게 약 0.2km² 크기의 경작지와 더불어 다른 두 집과 공동으로 사용하는 조그마한 목초지를 주었다. 바로 그곳에서 그는 가장 오랫동안, 또 가장 열심히 일했다.

하루종일 밭에서 일할 때면 일을 좀 수월히 하기 위해 아브라일과 다른 농부들은 즐겁게 노래를 불렀다. 땅을 갈면서 풍년과 아픈 아이의 건강, 그리고 그들의 근육과 관절 통증을 낫게 해달라고 기도하면서 고대의 주문을 외기도 했다. 바로 그런 밭에서 그들은 춤추고 짐승의 복장을 하고 땅에 축복을 내려달라고 기원했을 것이다. 그리고 개간지 주변의 귀신이 출몰한다는 숲속 깊은 신성한 곳에 모여 짐승을 잡아 옛 신들에게 바치곤 했을 것이다.

그러나 지금 아브라일은 다시 먹을 것을 생각하고 있었다. 뱃속에서 나는 꼬르륵 소리는 이제 오늘의 힘든 일과도 거의 끝나가고 있으며, 피곤에 지친 이 일꾼도 집으로 가서 수고한 대가로 저녁식사를 하게 되리라는 것을 알려주었다.

아브라일이 그날 아침 일찍 집을 나간 뒤 베르틸디도 남편 못지않게 열심히 일했다. 헐렁한 옷을 동여매며 하루종일 요리하고, 실을 잣거나 올 겨울에 필요한 양털 옷을 짜면서 보냈을 것이다. 또는 모자를 쓰고 망토를 어깨 위에 걸쳐놓은 채 닭을 돌보거나 양털을 깎고, 채소를 심은 정원에서 일을 하기도 했을 것이다. 물론 아이들을 돌보는 것도 그녀의 일이었다.

그러나 멀리 숲 너머로 해가 지면 모든 일손을 멈추고 가족들은 딱딱한 바닥에서 또 하룻밤을 보내기 위해 자리를 잡았다. 특별한 경우 아브라일은 자신의 수제품 초를 켜서 밝음을 연장시키기도 했지만 그런 경우는 드물었다. 초는 엄청나게 비쌌으며, 그것은 긴 겨울밤에 더 필요했다. 게다가 아브라일과 베르틸디는 다음날 아침에도 일찍 일어나야 했을 뿐만 아니라 눕자마자 잠에 곯아떨어지곤 했다.

잉글랜드의 어느 한 장원 마을의 모습은 13세기 말 장원제의 실상이 어떠했는지를 잘 보여준다. 우리가 살펴볼 마을은 런던에서 북쪽으로 약 113km

정도 떨어진 엘턴이라는 곳으로, 그곳은 잉글랜드에서 가장 비옥한 지역 중 하나였다.

엘턴의 삶은 주로 세 가지 자료를 통해 알려졌다. 재판소 기록과 장원 기록, 그리고 1279년에 왕실에서 실시한 조사자료이다. 이 자료로부터 초가지붕에 초벽을 바른 집들이 영주의 저택과 넨 강 사이에 모여 있으며, 주변은 온통 밭으로 둘러싸인 풍요로운 한 마을을 그려낼 수 있다.

400년 전의 뇌이예처럼 엘턴도 수도원의 수입원인 장원 중 하나였으며, 그 수도원은 근처의 램지 수도원이었다. 뇌이예에서처럼 대수도원장은 장원의 영주로서 약 1.6km²의 직영지, 약 0.06km²의 목초지, 목장 3개, 넨 강에 있던 물방앗간 2개, 양모의 축융이나 세탁을 위한 방앗간 1개를 가지고 있었다. 나머지 경작지(약 5.7km²)는 마을의 소작인들이 나누어 사용했는데, 많은 이들이 영주를 위해 정기적으로 하는 주간 노역(대개 1주일에 3일)과 계절별로 하는 은사 노역(농번기에 하는 추가 노동)의 의무가 있었다.

그러나 이런 것들을 제외하면 엘턴은 뇌이예와 매우 달랐다. 우선 엘턴의 마을 사람들은 서로 동등하지가 않았다. 장원제도가 발달하는 과정에서 잉글랜드 촌락의 사람들은 땅을 상속하고 사고파는 권리를 가졌다. 대부분의 마을 사람들이 조그마한 정원이 딸린 작은 집을 가졌던 반면, 어떤 이들은 많은 땅을 가지기도 했다. 예를 들어 엘턴의 존이라는 사람은 약 0.6km²를 경작했으며 심지어 소작인을 두기까지 했다.

하지만 그런 재산에도 불구하고 500명에 이르는 엘턴의 거주자들은 여전히 장원의 영주인 램지 대수도원장과 그의 장원 관리인에게 종속되어 있었다. 그러나 마을 사람들은 그들을 대표할 사람으로 자신들 중에서 한 명을 리브(reeve)라는 행정관으로 선출했다.

행정관은 그 자신이 마을 사람이면서 또 장원의 영주에게 책임을 다해야 했기 때문에 그 충성의 대상이 나뉘어지긴 했지만, 일종의 마을 대표였다.

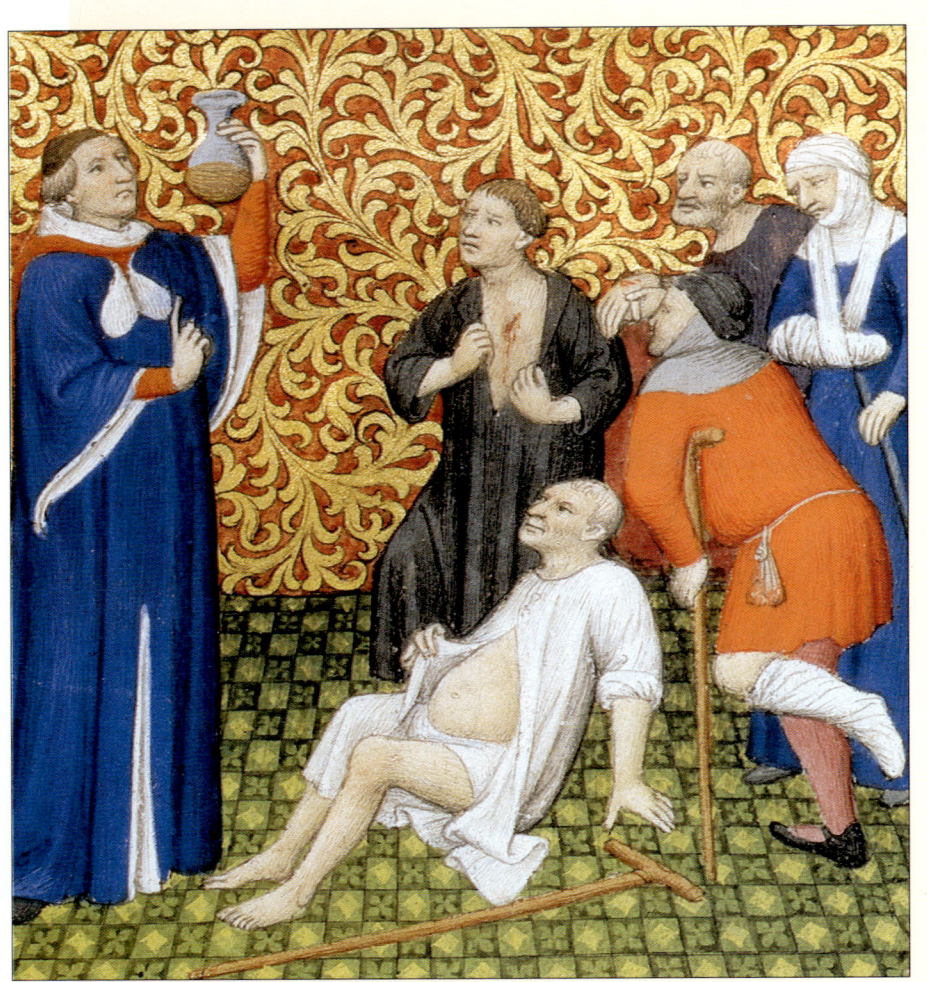

입고 있는 근사한 옷으로도 그가 누군지 금방 알 수 있도록 해주는
정식교육을 받은 의사가 널리 쓰인 진단법인 환자의 소변검사를 하고 있다.

| 중세의 질병과 치료법 |

중세 사람들도 암에서 코피에 이르기까지 오늘날과 같이 많은 질병을 앓았다. 그러나 그들은 여러 가지 피부 외상과 한때 천형으로 여겨지기도 했던 질병들과도 싸워야만 했다. 천연두, 한센병, 단독, 무도병 등은 유럽 인구 대다수의 생활이 그러했듯 비위생적인 생활환경, 인구과밀, 영양실조 등의 산물이었다.

당시 질병은 몸의 네 가지 유체 혹은 체액―담즙질, 점액질, 우울질(흑색담즙), 혈액―에 불균형이 생긴 결과라고 믿었다. 의사의 임무는 이러한 체액의 균형을 되찾아주는 일이었다. 이를 위해 쓰인 방법은 상처를 불로 태우는 소작, 외과술, 식이요법, 약물치료 등이었다. 흔히 쓰인 치료법은 특정 질병을 치료하기 위해 특정 정맥을 끊어 피를 뽑는 방혈이었다. 그런 다음 뽑은 피의 냄새나 기름기 정도 등을 검사했다.

중세에 의학은 점점 더 복잡해졌으며, 심지어 시신을 공부하는 데까지 확장되었다. 풍부한 도해가 있는 설명서는 수련의들에게 환자를 진단하는 전 과정을 안내해주었다. 소변의 색깔, 냄새, 침전물 등을 관찰하는 데 도움을 주는 도표, 점성술적인 치료에 사용되는 달력과 표, 방혈 기법에 관한 안내서, 약초와 그 효용에 대한 약학 서적, 향유와 물약 처방전 모음집 등이 있었다.

　의학 분야에 종사한 사람들로는 대학교육을 받은 의사들(이들은 수백 년간의 그리스와 이슬람 사람들의 통찰력에 큰 영향을 받았다)에서 민간 시술자들로부터 도제교육으로 의술을 익힌 전통적인 치료사까지 다양했다. 13세기 초 이탈리아의 일부 도시에서는 가난한 사람들을 무료로 치료해주는 의사들이 있기도 했지만, 정식교육을 받은 의사들의 치료비는 대부분의 사람들이 지불할 수 없을 정도로 비쌌다. 14세기와 15세기에는 종교단체에서 가난하고 나이 든 사람들이 병원에서 안식할 수 있도록 해주었으며, 이들에게 제한된 치료와 함께 음식과 숙소를 제공하고 기도를 해주었다. 그러나 대체적으로 중세의 농민과 가난한 도시민 모두에게 치료라는 것은 마을의 치료사, 약초 치료사, 외과의를 겸한 이발사 등의 도움을 받거나 자가치료를 하고 광천수 목욕탕에 가는 것에 국한되었다.

여자가 피를 뽑기 위해 절개한 팔에서 솟구치는 피를 받으려고 그릇을 들고 있다.

간질 치료에 사용된 폴타스라는 약초를 그린 14세기 그림. 의사들은 가난한 환자들에게는 그 지방에서 발견되는 식물을 처방했으며, 부유한 환자들에게는 좀더 이국적인 약초를 처방했다.

의사들은 진단과 처방에 관한 이런 안내서를 허리춤에 차고 다녔다. 이 안내서에는 질병의 결과를 예측하기 위한 점성술 표도 있었다.

의사가 환자를 손으로 검진하고 있다. 이와 같은 촉진법으로 종기나 혹, 종양 등을 찾아내기도 했다.

그는 일하는 것과 작업조들을 감독하며, 장원세를 거두고 농산물을 팔며 매년 결산하는 것이 임무였다.

행정관은 자신의 업무를 보조하기 위해 장원의 숲을 지키는 사람, 울타리를 관리하는 사람 등 다양한 조수를 두었다. 울타리 관리인의 업무를 상징하는 것은 농장에서 기르는 짐승들이 농작물 밭으로 들어간 것을 경고하기 위해 불었던 뿔나팔—동요 '리틀 보이 블루(Little Boy Blue)'에 나오는 것처럼—이었다.

행정관은 업무의 대가로 상당한 보상을 받았다. 예를 들어 땅을 빌린 대가로 영주의 땅에서 매주 제공해주어야 하는 주간 노역을 하지 않아도 되었으며, 영주의 말이나 황소를 자신의 밭을 갈 때 사용할 수도 있었고, 자신의 짐승들을 영주의 소유지에서 방목하는 것도 허락되었다.

이와 같은 상황에서 행정관이 부정한 방법으로 자신의 부를 축적할 수 있는 기회는 매우 많았다. 위대한 영국의 시인 제프리 초서는 〈캔터베리 이야기〉를 통해 부패한 행정관을 묘사하기도 했다. 그렇기 때문에 엘턴의 행정관이 부정행위로 고발당했다는 재판소 기록은 그다지 놀라운 일이 아니다.

문제의 관리는 마이클 리브였다. 그의 성 '리브'는 그 시절 처음 등장하기 시작한 다른 많은 성들과 마찬가지로 그가 맡았던 직무에서 유래된 것이었다. 훗날 리브가 고발한 바에 따르면, 1278년 10월 말 어느 일요일 오후, 마을 사람 3명이 엘턴의 교회 마당에서 '전 교구민들이 보는 앞에서 가장 상스러운 말을 하며' 그에게 대들었다고 한다. 엘턴의 남자들은 하루에 맥주를 2갤런씩이나 마실 정도로 많은 알코올 소비량으로 유명했기 때문에, 그들이 술을 마셨을 가능성도 있다. 어쨌거나 교회 밖에서 갑작스럽게 벌어진 상황 속에서 이 마을 사람 3명은 리브가 자신의 직위를 남용하고 있다고 비난했다. 특히 그가 뇌물을 받고 있으며, 소작인들을 자신의 땅에서 추수하고 쟁기질하는 데 이용했고, 자신에게 싼값에 땅을 빌려주는 소작인들에게는 수레

로빈 후드의 전설

오랫동안 로빈 후드는 수많은 모습으로 묘사되었다. 자유민이나 귀족가문의 관리, 부당하게 유산을 상속받지 못한 귀족, 노르만 정복자들에 대항하는 앵글로색슨의 애국자, 마지막으로 오늘날 우리가 알고 있는 탐욕스런 지주에 대항해 평민들을 위해 싸운 낭만적인 도적 등이 그것이다.

로빈 후드란 이름의 도망자에 대한 역사적 증거는 1296년까지 거슬러올라간다. 수많은 중세의 노래와 연극이 이런 이름의 무법자를 그리고 있다. 그러나 부자의 것을 도적질해 가난한 사람들에게 나누어준 이 고상한 인물(역사에서 자신의 진짜 정체를 빼앗아버린 신화적 불한당)은 여전히 그 실체가 확실하지 않다.

를 끄는 일을 면제해주기도 했다고 주장했다. 리브는 그런 주장에 분노했다. 그러나 그는 도움을 요청할 데가 있었다. 그는 3명 모두를 명예훼손으로 재판에 회부했던 것이다.

홀무트(hallmoot)라는 장원 재판소는 독특한 사법기구로서, 3주에 한 번씩 모여 교회법 관련 사건(이런 사건은 교회 재판소에서 다뤄졌다)이나 왕실 재판소로 회부되는 살인과 반역 같은 범죄를 제외한 나머지 모든 소송을 다루었다. 대수도원장의 장원 관리인이 재판을 주관하고 권위를 부여했지만 법정을 움직이는 것은 바로 마을 사람들이었다.

마이클 리브를 상대로 한 사건은 배심원들(증거를 수집하고 법과 관습을 찾아보고 판결을 내린 뒤 형벌을 결정하는 마을 관리들)이 조사했을 것이다. 이 재판에서 그들은 리브의 편을 들며 그가 '어떤 항목에 대해서도 무죄'라고 발표했다.

| 오를레앙의 처녀 |

백년전쟁이 시작된 지 약 90년쯤 되었을 때 잔이라는 이름의 농민계급 출신의 소녀가 곤경에 처한 조국을 위해 큰일을 하도록 부름을 받았다. 그녀가 신이 내린 것이라 주장한 그 사명은 프랑스를 잉글랜드의 손아귀에서 구해내는 일이었다.

작은 키에 다부진 체격, 검은 머리에 혈색 좋은 얼굴의 이 소녀는 나라를 구할 구세주처럼 보이지는 않았다. 그녀가 살았던 프랑스 북동부 가난한 마을의 여느 아이들처럼 그녀는 매일 자질구레한 집안일과 농사일을 하거나, 힘든 삶을 가끔씩 밝혀주는 축제에 참가하곤 했다. 그러나 머지않아 그녀의 동포들은 이 보잘것없어 보이는 아이를 '오를레앙의 처녀'라 부르게 되었으며, 역사에서 그녀는 잔 다르크로 알려졌다.

그녀는 나중에 자신이 13세밖에 되지 않았을 때 "하나님께서 음성으로 나를 인도하셨다"고 말했다. 잔은 그 뒤로 몇 년간 그런 음성을 자주 듣게 되었으며, 결국 그 부름에 귀 기울이기로 결심했다. 1429년 1월 그녀는 프랑스의 샤를 7세(왕위 계승자였지만 잉글랜드 인들 때문에 즉위하지 못하고 있었다)의 궁정이 있던 루아르 계곡으로 향했다. 검은 튜닉과 신발로 남복을 하고 머리는 짧게 깎은 그녀는 그곳에서 샤를에게 말했다. "천상의 왕께서 저를 통해 전갈을 보내셨습니다. 전하께서는 랭스에서 왕관을 쓰시게 될 것입니다." 그녀는 계속 말했다. "하나님께서 저를 보내셨다는 것을 믿으시겠습니까?"

갑옷을 입고 칼을 든 잔 다르크가 프랑스의 적통 국왕이라고 믿었던 샤를 7세(가운데)를 위해 싸울 준비를 하고 있다. 뒤에 보이는 것은 그녀가 전투에서 들고 다녔던 군기이다.

잔의 투구(위의 것과 비슷했다)는 오를레앙 교회에 봉헌되었다.

샤를이 믿었건 믿지 않
았건 간에 잔은 그로부터 자
신의 대의에 대한 지지를 얻어
낼 수 있었다. 수백 명의 사람들
이 아무 의심 없이 그리스도의 성
상과 세계, 2명의 천사, 프랑스의 백
합이 그려진 하얀 공단으로 된
그녀의 깃발 아래 몰려들
었다. 이에 고무된 잔은
잉글랜드 군에게 포위
된 파리 남서부 약 110km
에 위치한 오를레앙을 구하
기 위해 출발했다.

　잔을 선두로 프랑스 군은 성공적으
로 적지를 뚫고 1429년 5월 오를
레앙에서 잉글랜드 군을 몰아냈다.
루아르 강변에 있던 적을 계속해서
물리친 뒤 잔과 그녀의 추종자들은 랭스
로 들어갔다. 고향을 떠난 지 6개월이 채 되지
않아 그녀는 랭스에서 생애 최고의 장면을 목
격하는데, 바로 샤를 7세의 대관식이었다.

　일단 대관식이 끝나자 잔은 파리로 진격하고 싶은 열망에 사로잡혔다. 그러
나 왕이 계속 싸우기를 꺼렸기 때문에, 잔은 왕의 후원 없이 전투를 해야만 했
다. 곧 잔의 행운도 비틀거리기 시작했다. 파리 공격은 실패로 돌아갔으며, 다
음해 봄 파리 북쪽에서의 전투에서 그녀는 잉글랜드 군에게 잡히고 말았다. 잔

깃발을 높이 쳐든 잔이 추종자들을
이끌고 샤를과 만나기 위해 가고 있다.
그녀는 샤를을 설득해 잉글랜드와의
전쟁을 계속할 수 있기를 희망했다.

은 그때 전쟁터에서 그녀가 대적했던 것보다 더 많은 적들이 있다는 것을 깨달았다. 종교재판의 주교 총대리는 그녀가 들은 음성이 신이라기보다는 악마로부터 나온 것 같다고 결론지으며, 그녀를 마술과 이단행위로 재판할 것을 요구했다. 결국 양 진영은 그녀에게 판결을 내렸다. 1431년 5월 29일 프랑스의 주교들은 잔을 파문시켰고, 다음날인 5월 30일 잉글랜드 군은 그녀를 화형시켰다.

처형이 있은 지 25년 뒤 교황 칼릭스투스 3세는 잔의 유죄판결을 무효화시켰다. 그녀를 복권시키는 일이 시작되었다. 그러나 그 과정은 1920년이 될 때까지도 끝나지 않았다. 그해에 비로소 교황 베네딕투스 15세는 그녀를 성인으로 시성했다. 500년 전 교회가 유죄로 판결한 젊은 시골 여인을 다시금 신 앞에 고결한 존재로 만든 것이다.

잔은 읽고 쓰는 법을 몰랐지만 자신의 이름(프랑스 어로 'Jehanne')으로 서명은 할 수 있었다. 1429년에 보낸 이 편지의 서명이 그 사실을 증명해준다.

십자가에 못 박힌 그리스도 상을 바라보면서 잔이 화형 기둥에 묶인 채 죽음을 기다리고 있다. 성인을 불태움으로써 저주받을 것을 두려워한 사형 집행자(왼쪽)는 훗날 수도원으로 달아나버렸다.

그리고 그를 비난한 사람들에게는 그에게 10실링을 지불할 것을 명령했다. 그러나 명예를 회복한 리브는 모든 것을 용서하고 단 2실링만 받기로 하면서 재빨리 3명의 피고인들과 화해했다. 어쨌거나 결국 리브는 그들과 함께 살아야 했기 때문이다.

장원 재판소는 물리적 폭력에 대해서는 강경한 입장을 취했다. 가택침입 행위, 즉 남의 집에 들어가 공격하는 행위는 특히 심각한 것으로 간주되었다. 재판소 기록에는 "마틸다 살라딘은 길버트 드 린지 경 밑에서 일하는 사람 5명이 필립 살라딘을 때리고 심하게 다루는 것을 보자마자 '고성(高聲) 추적'을 요청하는 고함을 질렀다"라는 극적인 장면으로 시작되는 것도 있다. 누군가가 고성 추적을 알리는 고함을 지르면 그 소리가 들리는 곳에 있는 모든 사람은 무슨 일을 하고 있었든지 간에 반드시 하던 일을 멈추고 도와주어야 했다. 이런 고성 추적에 참가하지 않았을 경우에는 근처 모든 사람들에게 벌금을 물렸다. 거짓으로 그런 고함을 지르는 경우에도 마찬가지로 벌금을 물렸다.

"마틸다 살라딘은 길버트 드 린지 경 밑에서
일하는 사람 5명이 필립 살라딘을 때리고 심하게 다루는
것을 보자마자 '고성 추적'을 요청하는 고함을 질렀다."

부적절하게 에일 맥주를 팔고 만드는 경우에도 벌금이 부과되었다. 온 마을 여자들은 에일 맥주를 만들며 문 밖에 '영업 중'이라는 표지를 붙였다. 그러나 너무 비싸게 팔거나 너무 순하게 빚을 경우에는 기소되기도 했다. 벌금 목록이 길었던 것을 보면 범죄자들이 많았던 것 같다.

그러나 대부분의 재판사건은 노동과 관련된 것들이었다. 주간 노역이나 은

사 노역 등을 거부한 소작인에게 벌금을 얼마나 물려야 하는가, 누군가의 쟁기가 다른 사람의 땅을 침범해들어갔다면 어떻게 해야 하나, 영주에게 해주어야 하는 일과 안 해주어도 되는 일은 무엇인가 등 수많은 문제들이 판결을 기다리고 있었다. 영주가 재판의 전 과정에 대한 권한을 쥐고 있었다는 것은 의심할 여지가 없다. 그러나 영주가 마을 사람들의 관습적인 권리를 침해했다면—예를 들어 비관습적인 일을 요구하면서—마을 전체가 반기를 들고 재판소로 달려가리라는 것도 잘 알고 있었다.

그래도 대부분의 경우 장원제도는 모든 공동체가 1년 내내 함께 일했기 때문에 제대로 돌아갈 수 있었다. 근처 시장이 열리는 마을과의 빈번한 교역으로 장원에는 고기를 저장하기 위한 소금, 대장장이에게 필요한 철, 지붕에 얹을 이엉(이엉은 훌륭한 단열재였지만 자주 갈아주어야만 했다) 등 온갖 물건이 쏟아져들어왔다. 반면, 장원에서 나오는 양모에 대한 수요도 증가했다. 잉글랜드의 양모는 특히 올이 고와서 높은 가격이 매겨졌다. 그러나 13세기의 지주들은 자신의 땅에서 곡식을 재배하는 것보다 양을 키우는 것이 훨씬 더 많은 수익을 낼 수도 있다는 것을 아직 깨닫지 못하고 있었다.

여전히 가장 중요한 것은 식량작물이었다. 그것은 심지어 밀교적인 중요성을 가지고 있었다. 교회의 신부들이 보기에 시골 사람들의 삶 속에는 이교신앙이 깊숙이 뿌리박고 있는 것 같았다. 그들은 조직화된 종교는 단지 땅 위에 기독교라는 얇은 판자를 씌운 것에 불과하며, 마을 사람들은 기독교 성축일 이외에도 농사짓는 일만큼이나 오래 된 다른 축제들을 즐긴다는 것을 잘 알고 있었다. 하지와 동지, 춘분과 추분 등과 연관된 이런 축제들은 중요한 농사일이 한 차례 끝난 바로 뒤에 열리곤 했다.

이런 오래 된 축제를 막을 수 없었던 교회는 결국 그 축제들을 흡수해버렸다. 수많은 고대의 신들을 성인으로 바꾸었듯이 교회는 이런 축제들을 큰 변화 없이 교회력의 연중행사 목록에 포함시켰다. 중세에 장원제도가 발전해가면서 이런 축제들은 농사력에서 공식적인 전환시점을 표시하게 되었다.

　농작물 재배는 9월 말에 시작되었다. 이 시기는 전해의 추수가 끝나고, 가축들은 추수 뒤 그루터기만 남아 있는 밭에 풀어 방목하고, 마이클 리브는 계산자를 써가며 열심히 결산하느라 바쁜 철이었다. 지난 계절에 묵혀두었던 밭을 성큼성큼 걸어다니는 소작인들(브통 여자들)의 모습이 보이는 그런 때였다. 그들은 바구니나 옷을 포갠 곳에 겨울밀과 호밀 씨앗을 담고 다니면서 새롭게 원기를 회복한 땅에 뿌렸다.

　씨를 뿌린 뒤인 11월 1일과 2일은 각각 모든 성인 대축일과 위령의 날로서, 모든 성인과 영혼을 기리는 축제가 열렸다. 이것은 켈트 족의 축제인 삼하인(Samhain)의 기독교식 축일이었는데, 이날에 따뜻한 계절과 추운 계절, 그리고 빛과 어둠이 나누어졌다. 켈트 인들은 그렇게 나누어지는 틈(서로 다른 두 시기 사이의 공간, 이쪽도 저쪽도 아닌)을 영과 실제 세계 사이의 출입구로 생각했다. 삼하인 날에는 모든 종류의 창조물들이 자유롭게 돌아다녔다. 웨일스 사람들은 그날 밤에는 울타리 담 아래 놓인 모든 계단에 귀신이 앉아 있다고 말했다.

　한 해가 다 저물어가면 사람들은 커다란 헛간에서 마지막 곡물을 타작하고 키질을 했다. 장원엔 어둠이 몰려들었다. 그때는 죽은 계절이었다. 비록 동지 이후에 다시 돌아오는 태양을 축하하는 게르만 족의 크리스마스인 율(Yule)이 있었지만, 농사일은 그때까지 거의 중단되었다. 사실 크리스마스 이브부터 예수 공현축일 전날까지 마을 사람들은 영주의 식탁을 위해 암탉을 바치는 관습 이외에는 반드시 해야만 하는 다른 의무가 없었다. 바로 그 시기에 영주는 소작인들을 위해 축제를 베풀었는데, 때로는 마을 사람 한 명에게 '흰 빵 두 덩이와 사람들이 낮에 마실 만큼의 맥주, 쇠고기, 겨자를 곁들인 베이컨'을 주기도 했다.

1월은 오늘날에도 농부들이 하는 것처럼 담과 헛간, 나무울타리 등을 수선하는 달이었다. 실제로 밭에 나가 일하는 것은 2월 2일 성모 마리아의 정화를 기리는 성스러운 날인 성촉절 다음부터 시작되었다. 여자들이 출산 뒤 자신을 정화시키기 위해 교회까지 초를 들고 가던 풍습에서 이름지어진 성촉절은 임볼크(Imbolc)라는 이교도의 축제를 대신했는데, 아마도 암양의 젖이 나오는 계절을 기리는 행사였던 것으로 추정된다. 이때 전해에 겨울밀과 호밀의 씨를 뿌린 밭을 갈고 여름작물의 씨를 뿌렸다. 쟁기질한 이랑의 두둑에 귀리와 보리의 씨를 뿌리고, 그 사이에는 콩 종류를 뿌렸다.

흰 꽃이 핀 산사나무를 집안에 들여놓고 봄을 기리는 5월제 – 풍요를 기원하는 고대의 벨테인(Beltane) 축제 – 도 있었고, 부활절 뒤 일곱 번째 일요일이자 1주일간 계속되는 축일의 첫째 날인 성령강림대축일도 있었다.

매년 이때쯤이면 날씨는 따뜻해지기 시작했다. 나무에는 잎이 돋아나고 초원에는 꽃이 피었으며, 곡식은 익어갔고 일의 속도도 빨라졌다. 이제 농사일도 그 절정을 향해가고 있었다. 그때가 되면 마을 사람들은 하지를 기념하기 위해 큰 모닥불을 피우고 바퀴에 불을 붙여 언덕에서 굴렸는데, 교회에서는 이날을 세례요한 축일 전야라고 불렀다. 그 다음에는 건초 만들기가 시작되었다. 먼저 영주의 직영

선술집에 모여서

에일 맥주를 팔던 민가 대신 마을의 선술집들이 생겨났다. 음유시인들은 〈카르미나 부라나〉에 나오는 다음과 같은 노래로 후원자들을 즐겁게 해주었다.

포도주를 사준 사람을 위해 한 번
자유민들은 술을 마신다
감옥에 있는 이들을 위해 두 번 마신다
그런 다음 살아 있는 사람들을 위해 세 번 마시고
모든 기독교인들을 위해 네 번 마시고
신앙 때문에 죽은 사람들을 위해 다섯 번 마시고
병든 자매들을 위해 여섯 번 마시고
산림을 지키는 군사들을 위해 일곱 번 마신다.

심부름꾼 형제들을 위해 여덟 번 마시고
뿔뿔이 흩어진 수사들을 위해 아홉 번 마시고
선원들을 위해 열 번 마시고
싸우는 사람들을 위해 열한 번 마시고
회개하는 사람들을 위해 열두 번 마시고
여행 떠나는 사람들을 위해 열세 번 마시고
국왕을 위해서처럼 교황을 위해 그만큼 마신다
모두들 허가도 없이 마신다.

지에서 건초 더미를 만든 다음 마을 사람들의 목초지에서 만들었다. 건초를 베고 쌓고 말리는 모든 작업은 추수가 시작되는 8월 1일 이전에 마쳐야 했는데, 오랜 옛날에는 루그나사드(Lugnasadh)라는 이교도의 축제로 추수의 시작을 기렸다. 하지만 이제 이날은 햇곡식으로 빵을 구웠기 때문에 앵글로색슨 말로 '빵 덩어리 미사(loaf mass)'라는 뜻의 라마스(Lammas) 수확제라 알려졌다.

이때가 마을 사람들에게는 연중 가장 바쁜 시기였다. 무거워진 이삭이 줄기에서 고개를 숙이자마자 신속하게 곡식을 거두어들여야 했다. 이 한창 바쁜 철에는 대수도원장을 위해 일해야 하는 날도 많아졌으며, 심지어 장원 밖에서 일꾼을 데려와 추수하기도 했다.

행정관은 은사 노역을 위해 불려나온 소작인들을 점검하고, 추수가 끝난 밭에서 가난한 사람들이 이삭 줍는 것에 대한 합의사항과 가축을 다시 방목시킬 날짜 등을 기록하면서 이 모든 일들을 감독해야 했다.

하루하루가 시급하고 긴장되는 때였다. 그러나 땅에서 열심히 일하는 마을 사람들의 끊임없는 리듬 속에는 진정한 조화가 있었다. 농작물을 베는 사람들은 황금물결 치는 밭에서 길게 줄지어 몸을 구부리고 자루가 짧은 낫으로 밀 줄기의 반 정도 되는 곳을 베거나, 자루가 긴 큰 낫으로 귀리와 보리 밑둥을 바짝 베면서 앞으로 나아갔다. 그들은

그렇게 나아가면서 뒤로는 황금빛 줄기를 쌓아놓았다. 농작물을 베는 사람 4명당 1명씩 베어놓은 것을 묶는 사람이 뒤따랐다. 각 그룹은 하루에 약 8,000m²씩 추수하는 속도로 움직였으며, 베어놓은 곡식을 다발로 묶어 세워 말렸다.

콩류는 좀더 지난 뒤에 수확했다. 그러나 바로 이 긴 여름날이야말로 사람들 모두가 곡식들 사이에서 일제히 움직이는 때였으며, 대부분의 사람들에게는 이때가 바로 추수를 뜻했다. 바로 이 곡식(그들이 1년 내내 일한 땅의 결실)에 그들의 생명이 달려 있었기 때문이다. 마을을 하나의 공동체로 만들어준 것도 바로 이 추수였다. 영주 직영지에서의 일이 끝나면 사람들은 함께 소작지로 돌아갈 수 있었다.

마을 사람들의 은사 노역의 대가로 수도원장은 추수하는 내내 축하잔치를 베풀었다. 이때에도 모든 계산을 담당하는 것은 행정관이었다. 예를 들어 1298년 엘턴에서는 이틀하고 반나절에 걸쳐 추수가 이루어졌다. 첫째 날은 329명이 일했다. 그들은 밀 32부셸과 비슷한 양의 귀리와 보리로 만든 빵과 죽, 비둘기 18마리, 송아지·암소·황소 각각 1마리씩의 고기, 치즈 일곱 덩이, 그리고 엄청난 양의 맥주를 먹었다. 일손이 덜 필요했던 둘째 날에는 250명이 빵과 청어, 절인 대구, 치즈, 맥주를 먹었다. 남은 음식은 추수가 대단원의 막을 내린 마지막 날에 일한 60명의 마을 사람들에게 돌아갔다.

이렇게 매해 거둔 수확은 시절은 불확실하고 기술은 아직 덜 발달되었던 그 당시에 가장 적합했던 토지경영체제의 결과였다. 그 다음 세기에 바로 이런 체제로부터 새로운 가문들이 탄생했다. 그들은 힘든 시절 속에서도 놀라울 만큼 부를 축적하고 기억에 남을 만한 인물들을 배출해냈다. 이 새로 등장한 성공적인 가문들이 바로 토지를 소유한 젠트리 계급이었다. 그들 중 매우 두드러진 가문은 노퍽 주의 패스턴 가문이다. 그중에서도 마거릿에 견줄 만한 사람은 거의 없었는데, 그녀는 그 나이 또래에서 혹은 나이를 불문하고 가장 막강한 여자였다.

패스턴 가문이 젠트리 계급으로 부상한 것은 비교적 근래의 일이다. 이 가문의 이름은 잉글랜드 동부의 바람 많은 북해 해안 습지 근처에 있던 조그만 마을에서 유래되었다. 그곳에서 14세기경 클레멘트 패스턴이라는 농부가 땅을 늘리기 시작했다.

패스턴 일가가 이 시기에 살아남았을 뿐 아니라 번창하기까지 했다는 것은 그들이 가진 생명력과 현명함, 그리고 결단력의 증거이다. 왜냐하면 이 가족이 살았던 때는 무시무시한 시절이었기 때문이다. 그때는 프랑스와 잉글랜드 사이의 전쟁(백년전쟁)으로 많은 도시들이 파괴되었으며, 당시 연대기 작가에 의하면 '유럽 인구의 3분의 1을 죽게 한' 선페스트의 공포로 반쯤 폐허가 된 그런 시절이었다. 그러나 그보다 더 나쁜 시절이 기다리고 있었다.

다음 세기로 접어들고 22년이 지난 뒤, 잉글랜드의 유능한 왕 헨리 5세는 죽으면서 어린 아들을 후계자로 남겼는데, 나중에 드러났지만 그 아들은 간헐적으로 광기에 시달렸다. 얄궂게도 헨리 왕의 성공적인 통치(아쟁쿠르 전투의 영웅인 그는 정복을 통해 광대한 제국을 이루었다)는 영주들에게 전쟁이 재산을 축적하는 한 방법이라는 것을 몸소 보여주었다. 하지만 그 결과 고통받은 것은 헨리의 아들이었다. 새로운 왕의 통치기간 중 왕국은 사실상 여러 지주 귀족들의 손아귀에 있었는데, 이들은 하찮은 일로 시비를 걸 수도 있고, 왕실의 수입을 착복할 수도 있었으며, 심지어 자신의 목적을 위해 사법제도를 이용할 수도 있다는 것을 알았다. 그 결과 장미전쟁이 발발했으며, 이 전쟁은 폭력으로 점철된 15세기의 나머지 대부분에 걸쳐 계속되었다.

그런 상황하에서도 15세기 화폐경제의 부상과 교육의 발달은 야심에 찬 열심히 일하는 사람들에게 기회를 제공했다. 그중에서도 법률가들에게는 특히 여건이 좋았다. 아마도 마을에서의 잦은 소송에 익숙했기 때문에 클레멘트 패스턴은 현명하게도 아들 윌리엄으로 하여금 법률 공부를 하도록 했으며, 젊은이는 아버지를 실망시키지 않았다. 결국 윌리엄은 궁정에서 부유하고 탁월한 재판관이 되었는데, 그 역시 아버지처럼 많은 땅을 확보하기 시작했다. 그것의 한 방법이 결혼이었다. 윌리엄은 상당히 늦은 나이인 42세에 결혼했다. 그의 아내 아그네스 베리는 윌리엄 나이의 절반 정도 되었고, 하트퍼드셔 출신 기사의 상속녀였다.

당시 결혼은 모든 이들의 관심의 대상이었다. 결혼은 사업적인 거래로 여겨졌으며, 사려 깊은 부모라면 자식(그리고 가문)의 성공과 발전을 보장할 수 있는 결혼을 주선했다. 결혼은 사랑의 결과가 아니라 전제조건이었다. 윌리엄 패스턴의 아내 아그네스는 분명히 그렇게 생각했다. 단호하고 걸핏하면 싸우려 했던 이 여자는 나이가 들면서 점점 더 심해졌는데(그녀는 거의 80세까지 살았다), 그녀는 딸 엘리자베스가 20세가 되던 때부터 딸의 인생을 비참하

야구의 시작이 된 이 중세 경기는 천이나 가죽 속에 밀기울을 넣어 만든 반구형의 공을 가지고 놀았다.

떠들썩한 축제 놀이

계절별로 열리는 장, 시장, 시골 축제 등은 나날의 힘든 농사일에서 벗어나 기다리고 기다리던 휴식을 취할 수 있도록 해주었다. 춤꾼, 저글러, 곡예사, 인형놀이꾼, 음악가 무리들은 이 마을 저 마을 돌아다니며 봄여름에 열리는 수많은 야외행사에서 공연했다.

그러나 교회의 성스러운 축일에 춤을 추는 것은 성직자들의 걱정을 샀다. 어느 성직자는 그런 것 때문에 '음탕한 입맞춤'과 '기타 부정한 거래'가 생겨났다고 말했다. 사실 춤추는 모리스(아래)와 순회 인형극장(위)은 고대의 이교도 의식적인 요소가 포함되어 있기도 했다. 어떤 이들의 눈에는 그런 것들이 명백한 악마의 작품으로 보였다.

게 만들었다. 먼저 아그네스는 엘리자베스에게 병을 앓아서 외모가 형편없다고 고백한 50세의 남자에게 시집을 가라고 강요했다. 엘리자베스가 거부하자 어머니는 그녀를 3개월씩이나 방에 가두어버렸다. 사촌의 편지에 의하면 엘리자베스는 "하루에 한두 번, 때로는 세 번씩이나 매를 맞았으며, 머리는 두세 군데 상처가 나 있었다"고 한다.

결국 엘리자베스가 손을 듦으로써 그 결혼은 성사되었다. 아그네스가 엘리자베스를 시집보냈을 때 신랑에 대한 신부의 반응은 그다지 열렬하지 않았던 것 같다. 그녀는 어머니에게 보내는 편지에서 이렇게 썼다. "어머니께서 저의 주인, 제가 가장 사랑하는 사람이라고 부르는 그 사람, 저도 이제는 그렇게 불러야만 하겠지요, 그 사람은 제게 너무나 친절합니다. 또 그가 죽은 다음 제가 받을 재산에 대해 확신시켜주느라 정신없습니다." 그 재산이 바로 결혼조건이었다.

그러나 아그네스 패스턴의 아들 존의 결혼은 확실히 성공적이었다. 중매쟁이 어머니는 노퍽의 유력한 지주의 자식이었던 마거릿

모터비에게서 완벽한 며느리의 모습을 발견했다. 처음부터 모든 일이 순조로웠고 아그네스는 1440년 부활절 바로 뒤에 런던에 있던 남편에게 보낸 편지에서 이렇게 썼다. "존 패스턴과 이 양갓집 규수가 서로 처음 만났을 때 그 아가씨는 조용히 존의 기분을 즐겁게 해주더니, '부인의 아드님이신 게 틀림없네요'라고 하더라구요. 그래서 이 둘 사이에 별로 거창한 계약을 하지 않아도 되기만을 바라고 있답니다." 협상은 순조롭게 이루어졌고, 이 젊은 남녀는 곧 결혼했다.

끊이지 않는 집안의 법적 문제로 존은 대부분의 시간을 런던에서 보냈지만, 마거릿과 존 패스턴은 서로를 깊이 아끼며 26년간이나 흔들리지 않는 반려자로 지냈다. 그러나 마거릿은 그녀의 '존경하고 숭배하는 남편'에게 보낸 편지에서 자신의 감정을 드러내기도 했다.

어떤 결혼식은 성직자에 의해 거행되었지만, 그보다는 개인적으로 치르는(반지, 약속, 지참금을 교환하면서) 경우가 더 많았다.

위와 같은 혈족관계도는 결혼 가능 여부를 알려주었다.

"집에 돌아오실 때까지 제가 드린 정표인 마르가레트 성녀상이 있는 반지를 꼭 끼고 다니세요." 8명의 자식을 낳았던 그녀는 첫째 아이를 임신했을 때는 존에게 이렇게 썼다. "당신은 제게 이런 정표를 남기고 가셔서 낮이건 제가 잠들고 싶은 밤이건 당신 생각을 하게 만듭니다." 남편이 병이 들자 초조해진 그녀는 자신이 돌볼 수 있도록 돌아오라고 애원하며, 그의 회복을 위해 서로 다른 두 성소로 순례를 가겠다는 약속을 하기도 했다.

존이 마거릿에게 보낸 편지는 좀더 사무적이고 자제하는 경향이 있었다. 그러나 그의 아내가 그를 만나기 위해 런던을 다녀간(누가 봐도 행복한 방문이었다) 뒤에 보낸 편지에서는 아내를 "나만의 사랑스런 최고의 귀부인"이라고 낭만적으로 불렀고 다음과 같은 자작시로 편지를 끝맺기도 했다. "퍼시 경과 이 집 사람들 모두 / 그대에게 모든 걸 맡기는 바이오. / 그들 모두 당신이 좀더 머물렀으면 하고 바랐지. / 모두들 당신이 좋은 여자라고 얘기한다오."

마거릿이 방문했을 때 이들 부부는 결혼한 지 24년이나 되었으며, 존이 그의 아내를 칭찬할 만도 했다. 그녀는 집사였던 리처드 콜의 도움을 받아 넓은 집과 노퍽 전역에 걸쳐 있는 장원을 관리했다. 또한 자신의 양조장, 빵집, 목축장과 부엌 등도 돌보았다. 후추와 클로브 향신료, 생강, 계피, 아몬드, 대추야자, 오렌지 등 장원에서 생산되지 않는 것은 노퍽 주의 수도 노리치에서 사오거나 남편으로 하여금 런던에서 사오게끔 하기도 했다. 그녀가 관리하는 물품에 대한 언급은 끊임없었다. 당시 집안의 책 목록이 보여주듯 그것은 그 자체로 엄청난 양의 일이었다. 어느 8월 기록을 보면 이러하다. "빵으로 구운 밀 8쿼터 4부셸, 포도주, 엿기름 주조 18쿼터, 쇠고기 2마리, 돼지고기 5마리, 어린 돼지 1마리, 양고기 22마리, 어린 양 2마리, 거세한 수탉 1마리, 비둘기 333마리, 왜가리 1마리, 백색 청어 460마리, 절인 생선 18마리, 절이지 않고 말린 생선 6마리."

먹을 것 외에 다른 것에도 신경을 써야 했다. 남편에게 지불가격까지 상세히 적어준 직물도 필요했는데, 이런 직물은 옷을 만들고 깃털 침대, 덧베개, 천개, 커튼, 궤, 침대틀 등 집안의 모든 가구에 필요한 것으로 직접 만들거나 사야만 했다.

패스턴의 재산은 새로운 질서 아래에서 고통을 느끼고 있던 그 지역 귀족들의 부러움을 샀다. 패스턴 가는 늘 조심해야만 했다. 존이 런던에 있을 때면 마거릿이 그를 대신했다. 그녀의 편지는 적들의 동향에 대한 경고, 소작인들과의 협상, 재판판결 등으로 빼곡했다.

1448년 10월 존이 업무차 집을 떠나 있을 때 몰레인스라는 영주가 노리치에서 북으로 약 34km 떨어진 그레셤이라는 마을에 있는 패스턴의 저택 중 하나를 빼앗겠다고 협박했다. 마거릿은 급히 남편에게 편지를 써 재산을 지켜내기 위해 '손잡이가 짧은 전투용 도끼 2, 3개'는 물론 '쇠뇌와 그것을 감아올릴 권양기, 화살' 등을 요청했다. 그러나 이런 무기만으로는 충분하지 못했다. 다음해 1월 몰레인스는 그레셤 땅을 빼앗기 위해 1,000명이나 되는 사람들을 보냈기 때문이다. '칼, 활, 화살, 방패, 총, 불과 맹렬히 타오르는 휘발물질을 담은 냄비, 집을 무너뜨릴 때 쓰는 긴 쇠지렛대, 사다리, 곡괭이'와 기타 무기로 무장한 이들은 마거릿이 열댓 명 되는 사람들과 함께 지키고 있던 집으로 전진했다. 곧 몰레인스의 사람들이 집 안에 있던 사람들을 모두 내쫓고 물건을 훔친 뒤 집을 무너뜨렸다.

몰레인스의 행동은 노퍽에서의 적대행위가 진짜로 증폭되는 것을 뜻했다. 그러나 존 패스턴은 그답게 협상을 통해 그 사건을 해결했다. 그는 또한 존 패스톨프 경이라는 막강한 보호자를 얻기까지 했는데, 아마도 그는 마거릿의 친척 중 하나였던 것 같다.

패스톨프의 명성은 윌리엄 셰익스피어가 그를 자신의 작품에서 위대한 희극적 인물 존 폴스태프로 묘사하는 바람에 수세기 동안 상처를 입기도 했다. 그러나 진실은 이러하다. 패스톨프는 직업군인으로서(그는 가터 기사였다), 오랫동안 탁월한 경력과 부를 쌓아올린 인물이었다. 은퇴 뒤 고향 노퍽으로 돌아왔던 1440년대에 그는 적어도 90개의 장원을 소유하고 있었다. 은퇴한 뒤에도 여전히 활동적이었던 그는 북해 연안의 캐이스터에 자신을 위한 성을 지었다. 성의 공사규모가 엄청나서 건축자재를 들여오는 데에만 6척의 배가 필요할 정도였다. 탑이 설치되고 요새화된 그 성은 약 2만 5,000m²에 걸쳐 있었으며, 가구·금은 식기·보석·태피스트리·책 등을 보관하는 보물창고도 있었다. 그 외에도 그레이트 홀과 예배당, 집무실 외에도 26개나 되는 침실이 있었다. 자식 한 명 없는 홀아비였던 그로서는 다소 지나쳤던 것 같다.

패스톨프가 은퇴해서 지내던 이 시절 내내 존 패스턴은 그의 변호사로 지냈다. 패스톨프는 패스턴을 '그의 가장 진실한 친척이자 친구'라 불렀다. 이 나이 든 기사는 1459년(놀랍게도 78세의 나이로) 죽으면서 모든 재산을 존에게 물려주었다.

이제 패스턴 일가는 그 지역에서 가장 부유한 사람들 중 하나가 되었다. 그러나 그들의 땅과 재산(특히 마거릿이 그들의 화환 중에서 가장 예쁜 꽃이라 불렀던 카이스터)은 여전히 부러움을 사고 있었다. 잉글랜드가 왕가의 장미전쟁에 휩싸였던 당시 몇몇 강력한 귀족들은 그들이 사적으로 모은 군대를 믿고 자신들이 원하는 것을 빼앗으려는 대담함을 보였다.

존 패스턴은 개인 군대가 없었다. 그러나 그에게는 고위직에 영향력 있는 친구들이 많았으며, 또한 그의 가문이 가장 선호한 무기인 법률을 이용하는 방법을 잘 알고 있었다. 캐이스터의 소유권이 패스턴 가문과 적들 사이를 왔다갔다 하는 동안 그와 마거릿은 그들의 자식들도 싸울 수 있도록 준비시켰다. 그 방법은 바로 아들들에게 법학을 배우게 하고, 나아가 아들과 딸들을 왕가나 귀족 후원자와 결혼시키는 것이었다.

패스턴의 장남과 차남(두 명 모두 이름은 존이었고 변호사였으며, 기사작위를 받았고 웨스트민스터의 의회의원이었다)은 서로 매우 달랐다. 형 존과 아버지 사이에는 팽팽한 긴장감이 돌 때가 많았다. 사실 1463년에는 사이가 너무 나빠져서 아버지가 아들을 집안의 다른 영지로 쫓아버리기까지 할 정도였다. 마거릿은 둘 사이가 나아지기를 바라며 아들에게 편지를 써서 "최대한 겸손하게 아버지께 부탁을 드리면서, 네가 있는 곳의 소식을 전하고, 또 지금까지 그랬던 것보다 훨씬 더 돈 씀씀이를 조심하고 분수에 맞게 생활해라. 그렇게 하는 게 최선이라는 것을 너도 알게 될 게다"고 했다. 그리고 남편에게 보내는 편지에서는 "그 아이를 이제 그만 용서하세요. 그 정도면 충분히 벌을 받았고, 다음부터는 좀더 조심할 거예요"라고 썼다.

마거릿의 노력 덕택에 두 사람은 결국 화해했다. 그러나 1466년 아버지가 죽자 존이 가장이 되었고, 그의 오래 된 낭비벽도 되돌아왔다. 그도 나중에는 캐이스터에서 호화롭게 살고 싶어하지만, 우선 당장은 패스턴 일가의 재산을 둘러싼 지루한 법정공방보다는 수도에서의 즐거움(좋은 옷, 도박, 마상경기)을 더 좋아했다.

형 존은 귀부인들의 남자이기도 했다. 그러나 정부를 두기는 했어도, 결혼을 통해 가문의 힘을 키우지는 않았다. 이 점은 그의 어머니에게는 또 하나의 커다란 실망이 아닐 수 없었다. 왜냐하면 마거릿은 여러 가지 일에 관심을 둔 것 이외에도 자식들이 좋은 짝을 만나도록 주선하는 일에도 항상 관여했기 때문이다.

마거릿 패스턴은 장남에 대해서는 포기했을지 모르지만, 차남인 동생 존에게는 몇 년간이나 공을 들였다. 그는 정말 관심의 대상이었다. 책임감 있고

잉글랜드 노리치 근처의 500년 된 교회의 성단소에서 발견된 이 석상들은 '존 패스턴과 그의 아내'의 유일한 실물 조각상으로 여겨진다. 오른쪽의 가계도는 패스턴의 아내 마거릿 모터비가 1440년 결혼할 때까지의 혈통계보를 기록하고 있다.

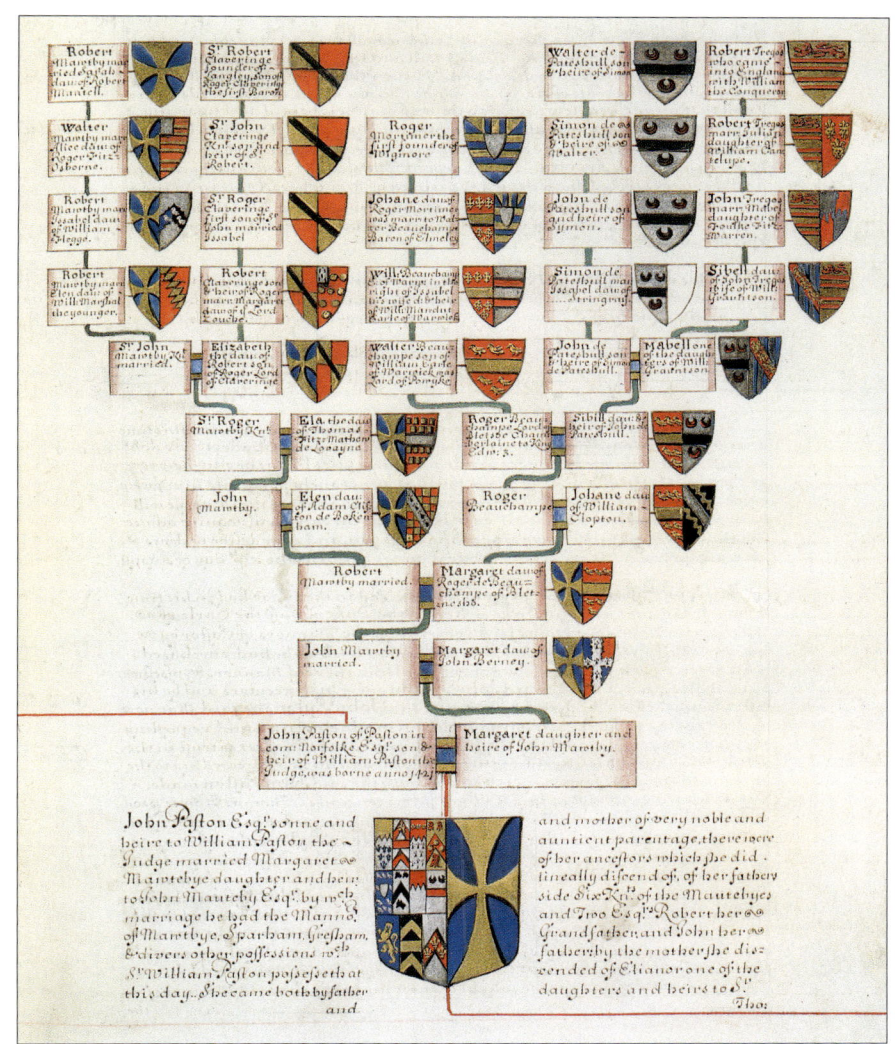

145

근면한 동생 존은 호색한이기도 했는데, 그는 자기와 어울리는 아내를 얻게 되기를 너무나도 간절히 원했다. 그렇지만 결국에는 연애결혼을 했는데, 그래도 적당히 이득이 남는 그런 결혼이었다. 그가 노퍽 지방의 양갓집 딸이었던 마저리 브루스라는 이름의 젊은 아가씨를 처음 만났을 때 둘은 사랑에 빠졌다.

그래도 결혼을 둘러싼 부부간 재산문제를 놓고 협상하는 것은 복잡한 일이었다. 그녀의 어머니가 적절한 지참금을 지급하려고 애쓰는 것과 관련해서 마저리는 존에게 이렇게 썼다. "제 어머니는 당신이 알고 있는 것 이상은 마련하실 수 없습니다. 그건 하나님도 알고 계시며 저도 매우 유감으로 생각합니다. 하지만 당신께서 저를 사랑하신다면, 정말 그러시길 바랍니다만, 그것 때문에 절 떠나지는 마세요. 당신이 지금 갖고 있는 영지의 절반밖에 갖고 있지 않다 하더라도 전 당신을 버리지 않았을 겁니다. 제가 다른 여자들처럼 힘들게 일해야 한다고 해도 말입니다." 그녀의 애원은 효과가 있었던 것 같다. 아들의 압력을 받은 마거릿은 협상 당사자들을 불러모았고, 결혼은 행복하게 성사되었다.

그러나 마거릿은 이름이 역시 마저리였던 큰딸의 결혼과 관련해서는 그리 성공을 거두지 못했다. 그녀 역시 연애결혼을 했는데, 그 상대는 집안의 집사인 리처드 콜이었다. 마저리가 어머니에게 자신과 콜이 벌써 비밀리에 결혼서약을 했다고 말하자, 아그네스 패스턴(그때까지 생존해 있었으며 여전히 많은 일에 관여하고 있었다)에 어울리는 며느리 마거릿은 딸을 격리시키고 두 남녀가 2년 넘도록 서로 보지 못하게 만들었다. 그녀는 자식 중 어느 하나라도 하인과 결혼시킬 생각은 전혀 없었던 것이다.

결국 마거릿은 노리치의 주교로 하여금 마저리와 콜이 올린 서약이 구속력이 있는 것인지 알아보도록 했다. 그 서약은 구속력이 있는 것이었다. 딸은 그 결혼이 유효하다고 확신했다. 마거릿이 형 존에게 이렇게 말했다. "마저리는 자기가 서약했던 말을 되풀이했고 또 대담하게도 이렇게 얘기하더구나. 만일 그 말들이 결혼을 확실하게 해주는 게 아니라면 자기가 떠나기 전에 확실히 해두겠다고 말이다. 말이야 어찌되었건 자신은 양심에 따라야 한다고 생각한대나. 이 바보 같은 말 때문에 나는 물론이고 누구보다도 할머니께서 몹시 슬퍼하고 계신다."

"패스턴치고 부자 아닌 사람 없고,
헤이든치고 겁쟁이 아닌 사람이 없으며,
콘월리스치고 바보 아닌 사람 없다."

마거릿은 그 구속력 있는 말들을 되돌려놓지는 못했지만, 자신에게 순종하지 않은 것에 대해서는 참지 않았다. 마저리가 노리치에 있는 자신을 만나러 왔을 때 마거릿은 그녀를 문간에서 되돌려보냈다. 마거릿은 형 존에게 "변변치 못한 애 하나를 잃었을 뿐이다"라고 악의적으로 얘기했다. "나중에 자기가 얼마나 어리석었는지 후회하게 될 것이다. 그렇게 되도록 해달라고 하나님께 기도하고 있다."

마거릿과 마저리가 서로의 차이를 극복하기에는 수년이 걸렸던 것 같다. 마거릿에게는 패스턴 일가가 뭉쳐서 번영하도록 만드는 것이 다른 그 무엇보다도 중요했다. 그녀는 남편이 죽고 난 뒤에도 18년 동안이나 그녀의 집안이 전쟁과 행운의 고비를 거치면서 살아남도록 마음 졸이며 그 일을 해냈다.

결국 패스톨프의 영지를 두고 경쟁자들과 벌인 싸움도 해결되었다. 패스턴 일가가 상속받은 것의 일부를 잃는 동안, 마거릿의 아들 형 존은 드디어 평화적으로 캐이스터 성의 저택을 차지했다. 그는 동생 존에게 보낸 편지에서 이렇게 썼다. "주께 찬미. 바라던 대로 나는 캐이스터를 차지했다." 형 존이 상속자도 없이 독신으로 죽자, 패스턴의 남은 재산은 마저리와 동생 존이 차지했으며, 좀더 안정된 튜더 왕조와 스튜어트 왕조의 통치하에서 일가는 더욱 번창했다. 사실 그들의 부는 노퍽 일대와 그 근처에서는 속담에까지 등장할 정도로 널리 알려지게 되었다. "패스턴치고 부자 아닌 사람 없고, 헤이든치고 겁쟁이 아닌 사람이 없으며, 콘월리스치고 바보 아닌 사람 없다."

젊었을 때와 달리 마거릿 패스턴의 노년기는 평화로웠다. 가족들은 편안하게 부를 누렸고 손자들도 잘 자라주었다. 그녀는 유언장에서 주도면밀하게 자녀와 손자들(장남 존의 사생아와 딸 마거릿 콜에게서 태어난 아들까지 포함해서), 친구들, 시종들, 그리고 교회에 유산을 남겼다. 마거릿은 자신의 무덤은 물론 장례식까지 모든 준비를 미리 해두었다. 1484년 11월 세상을 떠난 그녀는 캐이스터 성의 탑들이 보이는 곳에 묻혔다. 그녀의 묘비에는 두 개의 문장이 새겨졌다. 하나는 그녀의 친정인 모터비 가문의 문장이었고, 다른 하나는 소작농에서 부와 명예를 쟁취한 패스턴 가문을 위해 만들어진 문장이었다.

ESSAY _ 3 | 아이들의 세계

"아이들은 흔히 나쁜 습관을 가지고 있으며, 미래는 무시하고 오로지 현재만을 생각한다… 그들은 상속재산을 잃어버린 것보다 사과 하나 잃어버린 것 때문에 울고불고 난리다… 그들은 눈에 보이는 것은 무엇이든 갖고 싶어하고, 소리를 지르고 만지려 한다… 갑자기 웃다가 갑자기 울고, 끊임없이 소리 지르고 재잘거리고 웃어댄다."

— 바솔로뮤(잉글랜드 인, 13세기 수사)

출산과 유아기

중세에 아이를 낳는 일은 큰 기쁨의 시간이 되기도 하고 큰 슬픔의 시간이 되기도 했다. 산모와 아기의 사망률은 높았으며, 살아서 태어난다고 하더라도 많은 아이들이 태어난 지 얼마 되지 않아 죽었다. 분만할 때 어떤 농부의 아낙네들은 이웃 여자들의 도움을 받기도 했고, 어떤 이들은 남편의 도움에만 의지해야 하는 경우도 있었다. 상인이나 귀족계층의 여자는 산파와 친척 여자들의 도움을 받았다. 산실은 조명을 어둡게 했고, 아기를 위해 따뜻한 목욕물이 준비되어 있었다(아래). 이 두 가지 모두 아기가 자궁에서 이 세상으로 나오는 과정을 편하게 하기 위한 것이었다. 출산을 기다리는 아버지는 가장 중요한 일을 해냈는데, 바로 성인들에게 아내와 아기의 안전을 비는 것이었다.

태어난 아기는 포대기(긴 천으로 몸을 둘러 감싸고 열십자 모양으로 묶었다)로 감쌌다. 이렇게 하는 것은 아기를 따뜻하게 해주고 팔다리가 똑바로 자라게 해주기 위해서였다고 한다. 다른 일이 없으면 농부와 장인들은 자신의 아기를 직접 돌보았다. 그러나 부유한 어머니들은 다른 여자를 유모로 고용했다. 아기를 돌보는 일은 자연스런 피임방법이 되기도 했지만, 그런 부담이 없는 여자들은 생물학적으로 가능한 만큼 자주 임신해서, 심지어 20명의 아이를 낳은 여자도 있었다.

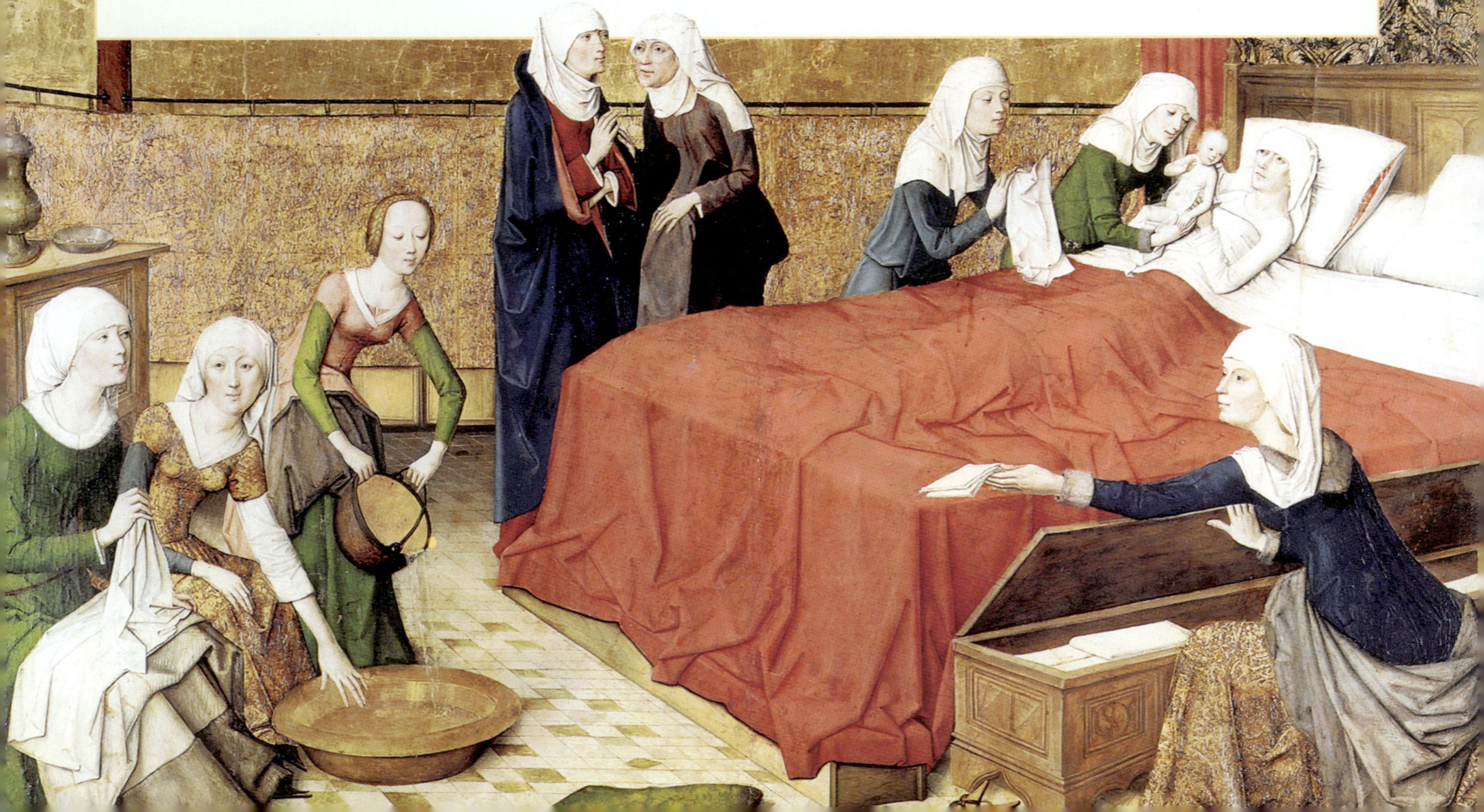

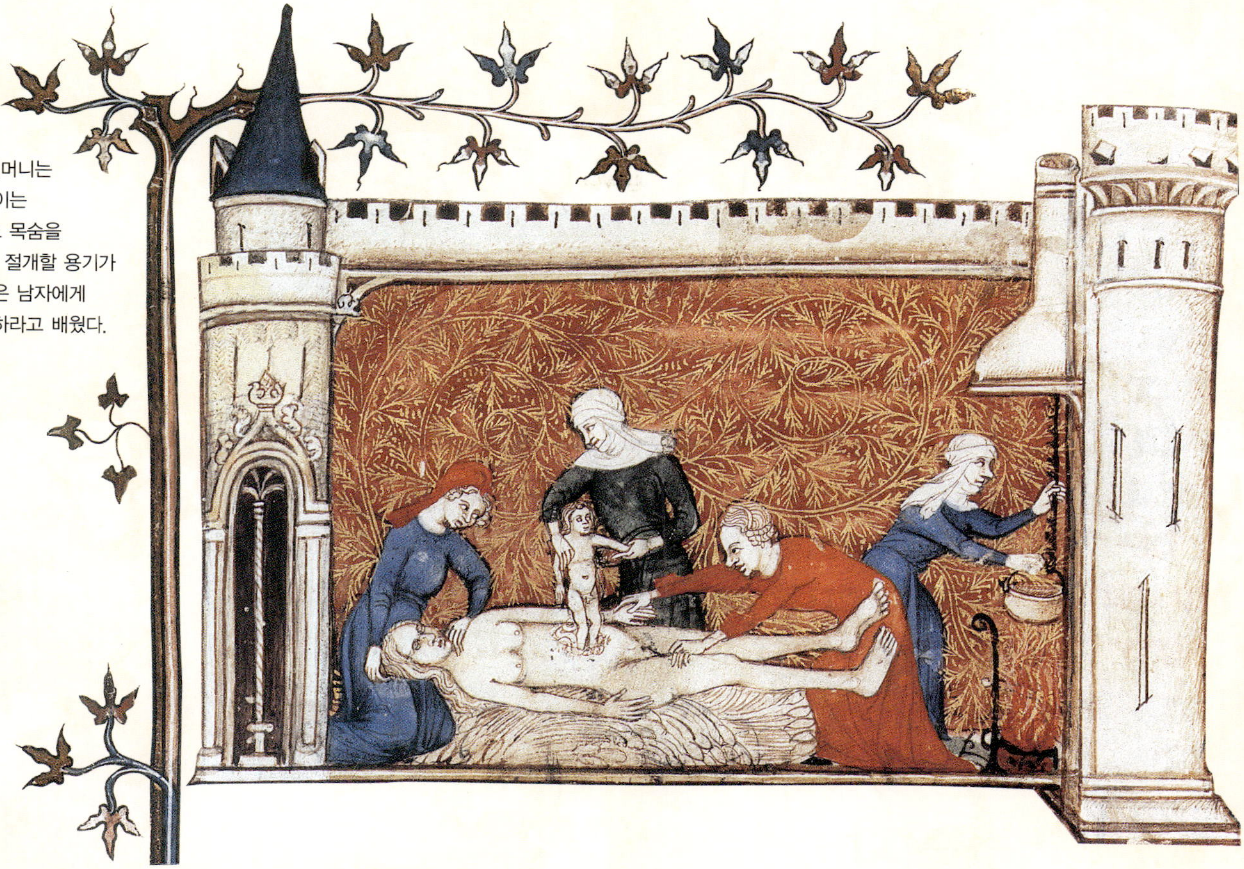

출산 중에 어머니는
죽었지만 아이는
제왕절개술로 목숨을
구했다. 직접 절개할 용기가
없는 산파들은 남자에게
절개를 부탁하라고 배웠다.

어떤 아이들은 잉글랜드의 500년 된
나무 요람과 같은 요람에서 편안하게
잠을 잤다. 그러나 식구나 유모와
함께 잠을 잔 아기들이 더 많았다.

죽음이 가까이 다가오고 있는 아이를
어머니가 무기력하게 바라보고 있다.
50~60%의 아이들이 5세 생일을 넘기지 못했다.

놀이 시간

"아이들은 놀게 해주어야 한다. 그것이 자연의 이치이다"라고 말한 사람은 중세 작가 노바르의 필리프이다. 부모와 설교자, 철학자 모두가 이 말에 동의했다. 부모는 아이를 지도하기 위해 엄하게 기강을 잡고 기독교의 도덕을 가르쳐야 한다고 조언받았지만, 대부분 7세 미만의 어린아이들은 실제로 무엇을 배우거나 선과 악을 구별할 능력이 없다고 느꼈다. 그래서 아이들은 태어나서 처음 몇 년간은 대개 정식교육이나 힘든 노동의 부담에서 벗어날 수 있었다. 늘 그렇지만 아이들은 밖에서 놀며, 물·흙·막대기 등으로 방앗간과 댐을 흉내내어 만들고, 모래로 집과 성을 짓는 것을 좋아했다. 어떤 이는 미래의 성인이 모래로 된 교회를 지었다고 말하기도 했다. 숨바꼭질, 공놀이, 눈싸움(아래)과 같이 여럿이 하는 놀이가 인기 있었고, 어린아이들은 형, 누이들을 따라 하면서 놀이규칙을 배웠다. 아이들은 상상력을 발휘해 나무 조각은 기사로, 막대기는 말이나 칼로, 빵 조각은 배로 바꾸어 놀기도 했다. 운 좋은 아이들은 장난감을 갖기도 했다. 중세 아이들의 장난감에는 팽이, 소형 풍차, 흔들 목마, 공, 굴렁쇠, 인형, 호루라기, 진흙으로 만든 새 등이 있었다.

오른쪽 끝에 보이는 농부의 아들이 11월의 돼지 잡는 날에 나온 덤(돼지 오줌보)을 불며 즐거워하고 있다. 여름에 아이들은 이런 풍선을 부낭삼아 물놀이를 하곤 했다.

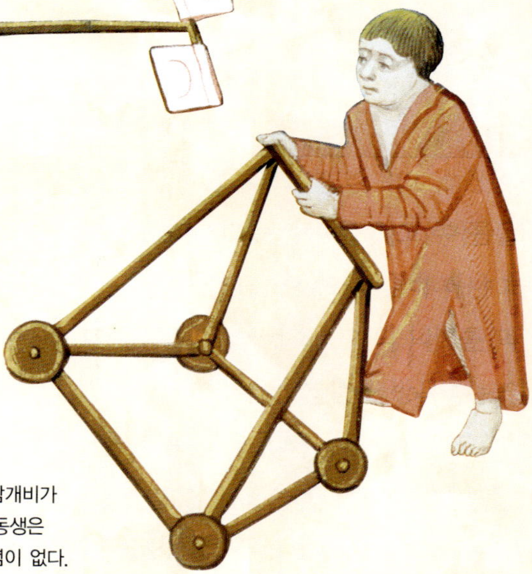

왼쪽에 흔들 목마를 탄 사내아이가 바람개비가 붙은 창을 동생에게 흔들어대고 있다. 동생은 바퀴 달린 보행기로 걸음마 연습에 여념이 없다.

얼마나 열심히 갖고 놀았는지를 증명해주는 오래 된 도자기 인형(오른쪽)과 닳고 닳은 목검(위). 여자아이들은 소꿉놀이 도구를 가지고 놀기도 했다.

일할 시간

아이들이 7세가 되면 부모는 재빨리 아이들을 미래의 생업의 길로 들어서게 만들었다. 특별히 혜택받은 소수의 아이들에게 그것은 정식교육을 뜻했지만, 대부분의 아이들은 장사를 배우거나 농장 일꾼이나 하인으로 일하러 가는 것을 의미했다. 아이들은 사회적 지위나 성별에 의해 제한받았다. 예를 들어 상류층의 여자아이에게는 책 읽기와 수학을 가르쳤으나, 그 수준은 겨우 집안의 하인들을 거느리고 계산을 해내는 데 충분한 정도에 그쳤다. 그 외에 여자아이들이 받은 교육으로는 좀더 가난한 집의 아이인 경우에 실잣기, 옷감 짜기, 기타 집안일 등이 있었다(왼쪽 아래).

대부분의 농촌 아이들은 읽기나 쓰기를 전혀 배우지 못했다. 그들은 어릴 때부터 농사일을 돕고, 일꾼들에게 물을 날라다주거나 가축과 어린 동생들을 돌보았다. 형편이 여의치 않은 도시아이들도 학교교육은 거의 받지 못했으며, 장인의 도제로 직업훈련을 받았다. 부유한 집안의 남자아이들도 도제가 되었지만, 이들은 은행거래, 상업, 법 등에 대한 교육을 받았다.

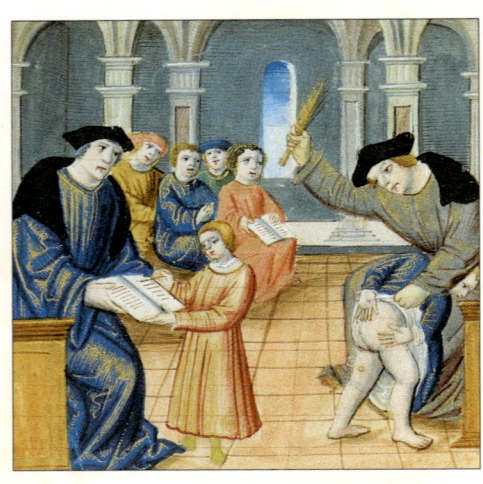

어느 프랑스의 초등학교에서 선생님이 말 안 듣는 학생의 엉덩이를 매질하고 있다. 학생들은 학교에서 찬송가, 읽기와 쓰기, 문법, 수사학, 산수를 배웠다.

학생들은 손거울처럼 생긴 판을 사용해 알파벳을 외웠다. 선생들은 학생들이 1주일 정도 공부하면 글자를 외울 수 있을 것으로 기대했다.

부모가 수도원 원장에게 아들과 자신들의 보호를 부탁하며 금이 든 가방을 건네주고 있다. 중세의 대부분 시기에 부모는 자녀를 대신해 구속력 있는 수도원 서약을 할 수 있었다.

농민계층의 소년이 추수철에 일손을 돕고 있다. 소년소녀들은 가족을 도와 들에서 이삭을 줍고, 야생과일과 딸기를 따고 장작을 모아왔다.

4 :: 도시와 상인

파리로 들어선 알렉산더 네컴은 사방에서 북적대는 인파에 깜짝 놀랐다. 네컴은 세상과 떨어져 조용한 잉글랜드 시골에 파묻혀 살다가 나온 새내기 학자였다. 그는 파리와 같은 곳을 본 적이 없었다. 1170년대 말 당시 파리는 서구세계에서 가장 큰 도시였다. 5만 명쯤 되는 인구가 살던 파리는 런던보다 그 크기가 5배나 더 컸다.

집이 비좁고 침침했던 당시 모든 유럽 도시의 생활은 대부분 길거리에서 이루어졌다. 길거리에는 중동의 시장처럼 가게가 열렸다. 온갖 종류의 장인과 기술자들(목수·구두수선공·재단사·무두장이)은 사람들이 볼 수 있도록 실외에서 열심히 일을 했다. 주부들은 분수대에서 잡담을 나누었고, 아이들은 공터와 뒷골목을 놀이터삼아 즉흥적으로 놀잇거리를 만들어냈다.

파리도 마찬가지였다. 오히려 더했다. 끝없이 이어지는 사람과 동물의 행렬─장바구니를 들고 서둘러 시장으로 향하는 시골 아낙네, 매애거리며 안절부절못하는 양떼를 몰고가는 목동, 고집불통 노새들에게 욕을 퍼부으며 끌고 가는 사람 등─이 바퀴 자국이 난 비포장 거리를 가로막고 있었다. 수도원의 고요함에 익숙해 있던 20세의 네컴에게 이것은 시끌벅적하고 흥겨운 광경이

여러 상점의 물건과 서비스(재단사·모피상·이발사·식료품상 등이 제공하는)에 마음이 끌린 파리 시민 2명이 파리의 포장도로를 따라 걸어가고 있다. 도시의 성장과 함께 마을의 시장은 대형 상업지구로 발전했으며, 이곳에서 장인들은 손님을 끌기 위해 가게 앞에 나와 열심히 일을 했다.

청소하기

점점 더 많은 사람들이 시골을 떠나 도시로 몰려들자 쓰레기 처리와 공중위생은 주요 관심사가 되었다. 하수오물과 동물의 시체는 강에 버려졌으며, 푸주한들은 도축한 동물의 피를 도랑으로 흘렸다. 염색공들도 염색통에서 나오는 더러운 물을 그냥 버리기는 마찬가지였다. 왼쪽 그림과 같은 생선 가게에서도 날이 저물도록 팔리지 않는 생선은 길거리에 내다버렸다.

시의 위생법은 대체로 이런 관행을 막는 데 아무런 힘을 발휘하지 못했으며, 오른쪽에 보이는 사람처럼 나막신을 신고 산적한 쓰레기를 치우는 시민들은 쓰레기 더미를 헤집으며 마음껏 나다니는 돼지들과 씨름해야만 했다. 어떤 도시에서는 쓰레기를 찾아다니는 돼지들을 규제하기 위해 일요일에 돼지를 풀어놓는 주인들에게 벌금을 물리기도 했으며, 돼지가 암컷인 경우에는 더 많은 벌금을 물렸다.

었다.

새벽부터 땅거미가 질 때까지 거리는 활기로 넘쳤다. 커다란 포도주 통과 긴 의자가 놓였으며, 바닥에는 갈대가 흩뿌려진 수많은 선술집에서는 달리 더 할 일이 없는 술꾼들이 주사위놀이를 하면서 시간을 보냈다. 또한 노천에서는 시간만 있으면 누구든지 볼 수 있는 여흥도 있었다. 광대들은 부딪히고 넘어지고, 공 던지기 묘기를 부리는 저글러들은 자신의 기술을 뽐내고, 음유시인들은 바이올린을 닮은 비엘이라는 악기 반주에 맞추어 최신 발라드를 감미롭게 불렀다.

유랑극단은 군중을 위해 도덕적인 이야기를 극으로 올렸는데, 많이 알려진 성경 이야기에 엎치락뒤치락하는 희극과 풍자적인 방백을 곁들여 활기를 불어넣었다. 교회 종소리는 이처럼 그칠 줄 모르는 북새통 속에서도 시각을 알려주며 도시 사람들의 삶에 리듬을 잡아주었다(언제나 어슴푸레한 좁은 길거리에서 시간이 흘러가는 것을 알게 해주는 것은 눈보다는 귀였기 때문이다).

파리에도 볼썽사나운 부분은 있었다. 가난한 거주자들은 악취 나는 허름한 집에 몰려 살았다. 배수구와 하수구는 모두 노출되었으며, 가로등이나 보도도 없었고, 천년도 훨씬 전에 그곳에 살았던 로마 사람들의 방식으로 만들어진 몇몇 주요도로를 제외하면 포장된 길도 거의 없었다. 파리 사람들은 비만 내리면 늪 같은 웅덩이로 변하는 길을 잘 헤치고 다녀야만 했다.

특히 골치 아팠던 문제는 하수처리였는데, 하수는 대부분 센 강으로 흘러들어갔다. 쓰레기는 개와 돼지들이 음식 찌꺼기를 찾아 헤매는 길거리에 흔히 내다버렸고, 때로는 사람의 배설물도 마찬가지였다. 누군가 생각 없이 위층 창문에서 요강을 비우는 바람에 한번은 루이 4세가 오물을 뒤집어쓴 적도 있었다.

수사나 변호사, 상인, 학자들은 물론 평범한 시민들도 거리를 활보했다. 거지들은 교회 밖에 무기력하게 쓰러져 있기도 하고, 고름이 흐르는 상처나 잘려나간 사지를 보여주면서 동냥을 구걸하기도 했다. 도둑들은 군중 사이를 태연히 돌아다니면서 단칼에 허리띠에서 떼낼 수 있는 두둑한 돈주머니를 노렸다. 이따금 모든 사람들이 보는 가운데 형벌이 집행되기도 했다. 파리의 교수대에는 항상 정확히 24구의 썩어가는 시체가 걸려 있었는데, 새로운 죄인이 처형당하면 그 자리를 만들기 위해 전에 있던 시체 하나는 내려졌다.

생기와 지저분함 속의 파리는 11세기에서 13세기 사이 유럽 전역에서 싹트기 시작한 전형적인 도시의 모습이었다. 바이킹의 습격으로 말미암은 충격에서 벗어나 교역이 재개되었으며, 해상교역이 활발했던 북부 이탈리아와 플랑드르 지방의 항구로부터 유럽 전역에 새로운 번영이 전파되던 때였다. 주요 교역로에 자리잡았던 먼 내륙의 한갓진 마을들까지 시장에 물건을 사고파는 사람들이 사방에서 몰려들면서 성벽을 세운 도시로 발전했다. 1150년에서 1200년까지 불과 50년 동안 신성 로마 제국에서 자치권이 인정되는 특허장을 받은 도시의 수가 200개에서 600개로 3배 이상 증가했다.

이와 같이 폭발적으로 도시가 증가한 데는 많은 이유들이 있었지만, 대부분 교역과 관련되어 있었다. 10세기부터 유럽 대륙의 인구는 급속히 증가하기 시작해서 엄격한 장원경제 체제하에서는 존재가 무의미한 땅 없는 노동자 계급을 양산했다. 많은 사람들이 떠돌이 행상으로 길을 나서기 시작한 것도 이때였다. 이들은 내다팔 물건을 등에 지고 이곳 저곳을 돌아다니며 농부와 지주들에게 그 지역에서 만들어낼 수는 없지만 꼭 필요한 물건들을 제공함으로써 불안정하게 생계를 꾸려나갔다.

좀더 진취적인 행상들은 수량도 많고 가격도 싼 곳에서 물품을 구입해서 그 물품이 귀한 곳으로 가져가 되팔면 큰 수익이 남는다는 것을 곧 깨달았다. 그 과정에는 필수적으로 여행이 수반되었다. 왜냐하면 물건을 구입한 곳에서 멀리 떨어진 곳일수록 더 비싼 가격에 팔 수 있었기 때문이다. 그리하여 '장거리 상인'이라는 완전히 새로운 계층이 생겨났다. 이런 사람들을 말 그대로 '먼지투성이의 발'이라는 뜻의 프랑스 어 '피에 푸드뢰(pieds poudreux)'에서 나온 '피에파우더(piepowder)'라 불렀다.

그들은 강건하고 용감한 사람들이었다. 초기의 상인-모험가인 이들은 온갖 악천후 속에서도 장거리 도보여행을 하는 것은 물론 말이나 노새를 타고 험한 길을 갈 때에는 뼛속까지 덜컹거리는 불편함에도 너무나 잘 적응되어 있었다. 강은 얕은 곳에서 걸어서 건너야 했으며 숲은 가로질러 가야만 했다. 산적들은 땅에서, 해적들은 바다에서 그들을 공격하려고 숨어서 기다렸다. 심지어 보다 외진 곳에서는 늑대와 야생동물의 습격이라는 위협에 시달리기도 했다.

그러나 큰 보상을 받기도 했다. 오래지 않아 그들 중 성공한 사람들은 엄청난 액수의 돈을 모았다. 그리하여 그들은 자신의 부를 보관하는 동시에 도저히 길을 나설 수 없는 겨울 몇 달간 머물 장소가 필요했다. 하지만 그들 대부분은 도망친 농노 출신이었기 때문에 붙잡히는 것이 두려워 고향 땅으로 돌아갈 수도 없었다. 결국 그들은 다른 상인들이 모여 있는 교역로상에 세워진 공동체로 발길을 돌렸다.

이런 상인들의 거주지는 요새화된 마을 안에 형성되는 일이 많았지만, 어떤 곳에서는 성곽 밖에 조성되는 경우도 있었다. 이곳이 바로 라틴 어로 '도시 아래'라는 뜻의 '수브 우르베(sub urbe)'에서 비롯된 최초의 교외, '서버브(suburb)'였다. 하지만 이들은 오래지 않아 자신들만의 방벽을 세울 만큼 충분한 부를 축적했다.

상인들이 함께 모여 살게 된 것은 그들이 교역하는 방식에도 영향을 미쳤

플랑드르의 부부가 보석가게에서 손님들을 도와주고 있는 모습을 그린 14세기 그림. 여자들이 가업에 참여하는 것은 흔한 일이었다. 여자는 가게에서 일하는 것에서부터 장부를 정리하는 일까지 가리지 않았으며, 어떤 이들은 남편이 죽은 뒤 일 자체를 물려받기도 했다. 그림 앞부분에 원숭이 한 마리(인간의 허영을 상징)가 뼈를 가지고 개를 놀리고 있다.

이 13세기의 금 브로치에 번갈아 박힌 루비와 사파이어는 두 보석을 함께 비벼서 둥근 형태를 만들어주는 '브루팅 (bruting)'이라는 방법으로 다듬어 윤을 냈다.

다. 장거리 교역에 따르는 위험을 너무나 잘 알고 있던 이들은 수익을 나누고 위험을 줄이기 위해 서로 협력했다. 한 명이 돈을 내어 교역물품을 사면, 다른 한 명은 여행을 책임지는 것이 전형적인 협력 형태였다. 이렇게 해서 일행이 형성되었으며, 상인들은 2년이나 3년 등 제한된 기간에 걸쳐 여러 번의 여행에 협력하기로 동의했다.

협력이 확산되면서 근거지를 둔 새로운 상인계층이 등장했다. 이들은 더 이상 교역로상에서 혼자 위험에 직면하는 일은 없었다. 대신 그들은 돈을 내고 도시의 성벽 뒤에서 이익이 굴러들어오길 기다렸다. 그 수익은 몇 배로 불어나서 되돌아왔다. 장사가 번창하자 이들 모험적인 자본가들은 통 만드는 사람, 집 짓는 사람에서부터 신발 만드는 사람, 배 수리하는 사람에 이르기까지 새롭게 등장하기 시작한 장인계층을 위해 일거리를 만들어냈다.

새로운 상인계층은 또한 세속교육의 필요성을 만들어낸 원동력이기도 했다. 당시 학교라는 것은 미래의 성직자를 키우기 위해서 존재했으며, 모든 공부는 종교적 목적에 맞도록 되어 있었다. 그러나 상인들은 자신의 아들들이 사업을 하며 주고받는 편지를 처리할 수 있도록 글을 깨우치며, 계산할 수 있도록 숫자를 잘 다루길 바랐다. 그들은 비록 교회가 자신들의 일 대부분을 승인해주지는 않았지만, 개인적으로 그들 대다수는 신앙심 깊은 사람들이었기 때문에 자식들이 성서에 대해서도 잘 알기를 바랐다.

성 토마스 아퀴나스가 "장사에는 어느 정도 수치스러운 면이 있다"고 말하기도 했지만, 그렇다고 해서 많은 상인들이 장부에 '주 하나님'의 이름하에 바치는 기부금 칸을 만드는 것을 막지는 않았다.

다른 경제발전 분야에서 그랬던 것처럼, 점점 증가하는 고등교육에 대한

163

수요를 충족시키는 과정에서도 파리는 핵심적인 역할을 담당했다. 파리는 유럽 대륙의 지적 활동의 심장부에 자리했으며, 그리하여 유럽 전역으로부터 파리로 학생들이 몰려들었다. 그리고 그중 한 명이 바로 알렉산더 네컴이었다.

"나는 단단히 마음먹었다, 술집에서 죽겠노라고."

네컴은 런던에서 북쪽으로 약 34km 떨어진 곳에 위치한 시장이 서는 소도시에서 자랐다. 그는 귀족 출신은 아니었지만, 유아 시절 훗날 잉글랜드의 사자심왕이 될 리처드 왕자와 함께 젖을 먹으며 자랄 기회를 타고났다. 그의 어머니가 공교롭게도 왕실의 유모였던 것이다.

네컴은 어려서부터 공부에 재능을 보였다. 그는 수도원 학교에서 교육을 받은 뒤 잠시 가르치는 일을 하다가 공부를 좀더 하기로 결심했다. 이때 네컴은 이미 학자들이 모여들기 시작한 고향에서 약 60km 떨어진 옥스퍼드로 갈 수도 있었다. 그러나 그는 그곳으로 가는 대신 지식의 근원지인 파리로 향하기로 결심했다. 그는 훗날 후학들을 가르치기 위해 잉글랜드로 돌아왔을 때 파리 시절에 대한 이야기를 백과사전식 작품에서 자세히 쓰기도 했다.

그가 파리에 도착했을 때는 대학이라는 뜻의 '유니버시티(university)'라는 단어가 만들어지기 전이었다. 이 단어가 사용된 초기 기록 중 하나가 교황 인노켄티우스 3세가 1208년에 쓴 편지이다. 학생들은 여전히 피에르 아벨라르의 시절에 그랬던 것처럼 유명한 스승 밑에서 공부하기 위해 몰려들었다. 네컴의 스승은 '작은 다리의 아담'이라는 뜻의 아담 두 프티 퐁이라는 이름을 가진 잉글랜드 사람이었다. 이런 이름이 붙은 것은 그가 학생들을 가르쳤던 집이 당시 노트르담(당시 센 강 위의 섬에 짓고 있던 대성당) 근처 센 강에 있던 다리 위에 있었기 때문이다.

네컴은 확실히 뛰어난 학생이었다. 그는 오래지 않아 자신의 능력으로 선생이 되었다. 그가 살았던 시절에는 학생들을 끌어모을 수 있다면 누구든지 그렇게 할 수 있었다. 그러나 시대는 변하고 있었으며, 새로운 규칙들이 곧 도입되었다. 13세기 초에는 최소한 6년간의 공부를 마치지 못한 사람은 선생이 될 수 없었다. 그리고 신학 부문에서는 자격 조건이 훨씬 더 까다로웠다. 신학 부문 선생들은 나이가 최소한 35세는 되어야 했으며, 8년간 공부해야 하는 엄격한 조건을 충족시켜야 했다.

고등교육 과목은 이른바 7학과(seven arts)였다. 3학과(trivium)―문법학·수사학·논리학―는 학자로 하여금 고상한 라틴 어를 쓰고 고전문학을 감상할

볼로냐 대학 학생들이 법학 강의에 열심히 귀 기울이고 있다. 중세의 대학들은 각기 다른 특수 전문 분야가 있었는데, 북부 이탈리아의 이 대학은 학생들이 법조계로 진출할 수 있도록 준비시켰다. 대부분의 대학과 달리 볼로냐는 학생들의 길드에 의해 설립되었으며, 그 길드의 의무에는 교수진을 고용하는 것도 포함되었다. 교수들이 만족스럽지 않을 경우(예를 들어 어려운 질문을 회피한다든지 하여) 학생들은 교수들의 급여를 삭감할 수도 있었다.

수 있도록 해주었으며, 논리정연하게 추
리하는 습관을 불어넣어주었다. 좀더
높은 차원의 4학과(quadrivium) — 산
수·기하학·천문학·음악 — 는 수학
에 기반을 두었다. 그 외에도 의학과
법학을 가르쳤으며, 그리스 철학자 아
리스토텔레스의 저작에서 가르친 대로
자연과학도 가르쳤다. 교육 중심지마다 각
기 다른 특수 전문 분야가 있었다. 이탈리아의
볼로냐는 법학, 남부 이탈리아의 살레르노는 의학 공부를 하기에
최적지였으며, 파리는 이른바 '신학의 여왕'으로 권위를 자랑했다.

　학생 시절 네컴의 하루는 야경꾼의 뿔나팔 소리가 도시로 퍼져나
가는 새벽에 시작되었다. 그는 신앙심 깊은 학생이었기 때문에 오
전 수업을 듣기 위해 서둘러 스승의 집으로 가는 길에 항상 미사에
참석했다. 수업은 대개 기본교재 내용에 대해 설명하는 형식을 취
했으며, 학생들은 밀랍 서판에 첨필로 필기했다.

　10시에 점심을 먹었고, 이어 휴식시간을 가졌다. 그런 다음 다시
몇 시간 동안 수업이 계속되었다. 그 뒤 저녁식사가 나오는 황혼
무렵의 저녁기도 시간인 만과까지 자유시간을 가졌다. 물론 어떤
학생들은 저녁에도 촛불 밑에서 책을 보았다. 밤 7시나 8시가 되면
거리는 깜깜하고 조용했기 때문에 다른 여흥을 즐길 만한 시간은
별로 없었다. 해가 진 뒤 밖으로 나가는 모험을 감행하는 사람들은
대개 등불을 든 남자아이를 데리고 나갔다.

　적어도 이론상으로는 스파르타 식 제도였지만, 성인 축일과 종
교 축제가 자주 있어서 — 휴일을 뜻하는 홀리데이(holiday)라는 단어

과학적 방법

과학연구는 중세 유럽에서 혁명을 맞는다.
유럽의 과학자들은 새롭게 번역된 그리스와
아랍 원전에서 얻은 지혜와, 아랍 인들이 별
의 위치를 보고 날짜와 시간을 알아내기 위
해 만든 손으로 쥐는 도구인 천체관측의, 즉
아스트롤라베(위 왼쪽)와 같은 발명품들을 사
용해 물리적 우주를 체계적으로 관측하기 시
작했다.

　당시 가장 중요한 발명가 중에 잉글랜드의
주교이자 학자였던 로버트 그로스테스테(위)
가 있었다. 이슬람의 과학유산은 물론 플라
톤과 아리스토텔레스의 이론에 대해서도 잘
알고 있던 그는 두 전통을 통합해 초기의 실
험방법 체계를 개발해냈다. 그는 관측·가
설·증명을 강조했는데, 이것은 오늘날의 과
학자들도 기본적으로 채택하는 방법이다.

는 '성스러운 날'이라는 뜻의 홀리 데이(holy day)에서 파생된 것이 분명하다—수업이 중단되기도 했다. 그럴 때면 학생들은 공부는 하지 않고 도시를 마음껏 돌아다니거나, 도시 성벽 너머 학생들을 위해 마련된 풀밭에서 운동을 했다.

그들의 행동에 제약을 준 것이 있다면 그것은 돈이었다. 대부분의 학자 지망생들은 장학금을 받거나 돈을 빌리지 않고서는 공부할 수 없을 정도로 빈곤했기 때문이다. 어떤 이들은 관대한 유산의 덕을 보기도 했고, 어떤 이들은 구걸을 하여 겨우 수지를 맞추기도 했다. 아울러 그때나 지금이나 인기 있는 방법은 고향집에 돈을 부쳐달라는 편지를 쓰는 일이었다. 어느 프랑스 시인은 그런 편지에 자조적인 투의 시를 써보내기도 했다. "사랑하는 아버지, 저는 지금 수중에 돈도 한푼 없고, 아버지를 통해 도움도 받을 수 없습니다. 대학에서는 모든 게 너무 비쌉니다… 선술집, 빵집, 의사, 학교, 세탁부, 이발사에게 진 빚을 갚기 위해 아버지께 인사와 돈 얘기를 올립니다."

시간이 지나면서 대학은 좀더 조직화되었으며, 대학에 다니는 사람들도 보다 엄격한 규율의 제재를 받았다. 예를 들면 파리에서는 학생들이 불미스럽게도 팔을 다 드러낸 채 강의에 들어오자 긴소매의 튜닉을 입어야만 한다는 규정이 재빨리 만들어졌다. 또 전에는 학생들이 거주할 방을 찾기만 한다면 어디든지 세들어 살 수 있었지만, 이제 학교가 학생들에게 숙소를 제공하기 시작했다.

파리에 최초로 그런 숙소가 생긴 것은 네컴이 살던 때까지 거슬러올라간다. '18명의 학교(College of 18)'라고 알려진 그곳은 가난한 자와 병든 자를 위한 숙소 한 칸에 18명의 가난한 학자들을 위한 침상을 제공했다. 지붕 밑에서 소액의 용돈이나마 받으며 지낼 수 있도록 해주는 대신, 학자들은 숙소 내 죽은 영혼들을 위해 매일 기도를 해주어야 했다.

어떤 학생들은 질서 잡힌 삶을 살도록 하려는 시도에 저항하기도 했다. 배움의 전당에는 장래 수도자, 교사, 의사가 될 부지런한 학생들만이 아니라, 강의실보다 술집에서 보내는 시간이 더 많은 불안한 영혼들도 모여들었다. '골리어드(goliard)' 라 알려진 이들 중세의 보헤미안들은 방랑자와 음유시인처럼 살았다. 그들은 또한 라틴 어로 포도주, 여자, 노래 따위를 찬미하는 유쾌한 시를 짓기도 했다. 그중에는 유명한 〈카르미나 부라나〉도 있는데, 이러한 학생 방랑시인들의 기백은 다음과 같이 시작되는 시에 잘 요약되어 있다. "나는 단단히 마음먹었다 / 술집에서 죽겠노라고."

골리어드들의 전성기는 12세기였다. 13세기가 되자 도시들은 중세 최고의 황금기에 접어들었다. 당시에는 길거리 모양도 변하고 있었다. 포장도로가 등장하기 시작한 것이다. 화재의 위험을 줄이기 위해 초가집도 기와지붕에 목조 뼈대를 갖춘 집으로 점점 대체되고 있었다. 이전 세대의 커튼이나 셔터 대신 유리 창문도 하나 둘 달리기 시작했다.

도시가 점점 부유해지면서 멋진 건물도 많이 생겨났다. 그것은 전형적으로 시장이 서는 중앙광장에 무리를 이루었는데, 시청 건물이 부자들의 대저택과 어깨를 나란히 하면서 지어진 데도 이곳이었다. 이곳에는 법원이나 상인들이 사업을 하는 거래소도 있었고, 많은 도시에서 자체적으로 화폐를 만들어냈기 때문에 화폐 주조소가 자리하기도 했다. 도시의 스카이라인을 압도한 것은 거대한 고딕 대성당의 탑들이었다. 이들 탑은 대성당 건축에 돈을 댄 시민들의 기도처럼 하늘을 향해 치솟아 있었다.

주거지역의 거리는 이전 시대보다 훨씬 더 혼잡해졌다. 한때 도시 중심부에는 간간이 공터가 있기도 했고, 대부분의 집 뒤에도 조그마한 터가 있어서 채소를 기르거나 닭이나 돼지를 치기도 했다. 하지만 이제 인구증가로 말미암아 공터는 모두 없어지고 말았다.

또한 뒷마당에 거름으로 쓰이기도 했던 사람과 동물의 분비물을 처리할 새로운 방법이 필요함에 따라 오염 문제가 대두되었다. 쓰레기가 식수로 유입

되는 것을 막기 위해 하수구를 만들어야 했고, 법규도 만들어야 했다. 런던에서는 공기의 질을 개선하기 위해 석탄 때는 것을 금지시켰다. 한때 가난한 사람들의 외지고 보잘것없는 집들이 있던 곳은 이제 빈민굴 밀집장소가 되어버렸다.

도시가 안고 있는 이 모든 문제에도 불구하고 과거 그 어느 때보다도 많은 농민들이 도시로 몰려들었다. 그들은 보다 충만한 삶을 살 수 있는 기회와 희망을 찾아 도시로 왔다. 독일에서는 도시경계 안에서 1년하고 하루를 더 산 농노들은 더 이상 그들의 전 봉건 주인에게 되돌아갈 의무가 없다는 것을 시 조례로 명시하기도 했다. "도시의 공기는 사람들을 자유롭게 만든다"라고 주장하는 금언도 있었다. 이들 농노들은 성장일로에 있던 경제에 값싼 노동력을 제공했기 때문에 도시의 주인들은 이들을 반겼다.

도시에 처음 온 사람들은 닥치는 대로 일했다. 여자들은 대부분 집안일을 했다. 그렇지 않은 경우에는 매춘 이외에 별다른 선택의 여지가 없었다. 가는 곳마다 흔히 목욕탕이나 이발소로 위장한 매음굴 천지였다. 이에 맞서 교회는 특별한 수도회(성 마리아 막달레나 수녀회)를 만들어 회개하는 창녀들을 보호해주었다. 그 회의 일원들은 죄 많은 과거를 버렸음을 상징하는 눈같이 흰 옷을 입었기 때문에 '화이트 레이디'라고도 알려졌다.

남자들은 대부분 일용 노동자로 불안정한 생활을 겨우 유지해나갔지만, 운이 좋거나 근면한 소수의 사람들은 특정 분야의 도제가 되었으며, 어느 단계에 이르면 중세 동업조합인 길드의 세계에 들어가기도 했다. 이런 조직은 대부분의 숙련 노동자들에게 정해진 직업의 길을 가도록 했는데, 그 길은 대부분의 분야에서 4년 내지 12년이나 계속되는 기나긴 도제살이로부터 시작되었다. 결국 장인들은 '마스터피스(masterpiece)'-오늘날과 같은 위대한 작품이라기보다는 만든 이의 전문 기술이나 지식을 보여주는 물건-를 만들어냄으로써 독립적인 전문 지위를 획득할 수 있었다.

| 문자의 전파 |

로마 제국이 무너진 뒤 수백 년 동안 유럽에서 책을 출판하고 판매하는 일은 거의 중단되었다. 이 기간 중 교육의 기회는 실로 엄청나게 줄어들어, 기독교 수사와 수녀들의 헌신만이 문학 - '암흑시대의 길고 긴 밤'에 깜박이는 불빛 - 의 완전한 소멸을 막았다.

그 불이 꺼지지 않도록 하기 위해 6세기의 교단들은 옛 지식을 지키고자 안간힘을 썼다. 수도원들은 도서관과 독서실을 짓고 이를 다시 캐럴(carrel)이라 부르는 좀더 작은 공간으로 나누었다. 수사들은 이 작은 방(폭이 약 90cm도 안 되는)에서 동물 가죽으로 만든 양피지 위에 글을 베껴 썼다.

수사들에게는 필사본을 만드는 것 외에도 다른 임무가 있었기 때문에 책 한 권을 다 쓰려면 어떤 때는 꼬박 1년이 걸리기도 했다. 종이는 시간이 흐르면서 보다 쉽게 구할 수 있었다. 아울러 학교도 많이 생겨나고 대학도 탄생함에 따라 읽을거리에 대한 수요도 폭발적으로 증대했다. 이런 수요는 이제 수사들의 힘겨우며 시간이 많이 걸리는 노력만으로는 도저히 충족시킬 수 없을 정도였다.

커져만 가는 책 시장을 충족시키기 위해 14세기에는 전문 필경사가 등장해 스크립토리움, 곧 필경 전용실에서 좀더 효율적인 제작법을 사용하기 시작했다. 그렇게 해서 만들어진 책들은 스테이셔너(stationer)라 불린 서적상들을 통해 판매되었는데, 이런 명칭이 붙은 것은 이전의 떠돌이 책

14세기 법률 서적을 쓴 저자가 서적상의 작업장에서 읽기를 기다리는 대중들에게 자신의 책을 직접 팔고 있다.

아래 그림에서 보이는 것과 같은 안경이 1300년대에 이탈리아에서 개발되어 잠재적 독자와 필자의 수를 엄청나게 증가시켰다.

연옥을 배경으로 서 있는 단테가 자신의 작품 〈신곡〉을 펼쳐 들어 피렌체를 밝게 비추고 있다.

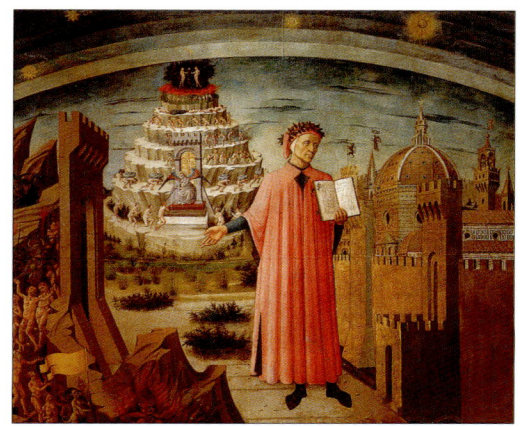

행상과 이들 서적상을 구분하기 위해서였다.

읽고 쓰는 능력이 다시 부상한 것과 때를 맞추어 고전시대 이래 가장 중요한 문학 분야가 탄생했다. 독자들은 흔히 찾던 성경이나 전례서는 물론, 알리기에리 단테, 조반니 보카치오, 제프리 초서와 같은 동시대 작가의 작품을 열광적으로 요구했다. 수요가 너무 많아서 필경사와 그들의 필경 작업장이 감당하기 힘들 정도였다. 공급의 문제는 15세기 중반 이전에는 감히 상상도 못했던 발명품, 즉 인쇄기로 책을 보다 빠르고 값싼 방법으로 만들어내게 되기 전까지 계속되었다.

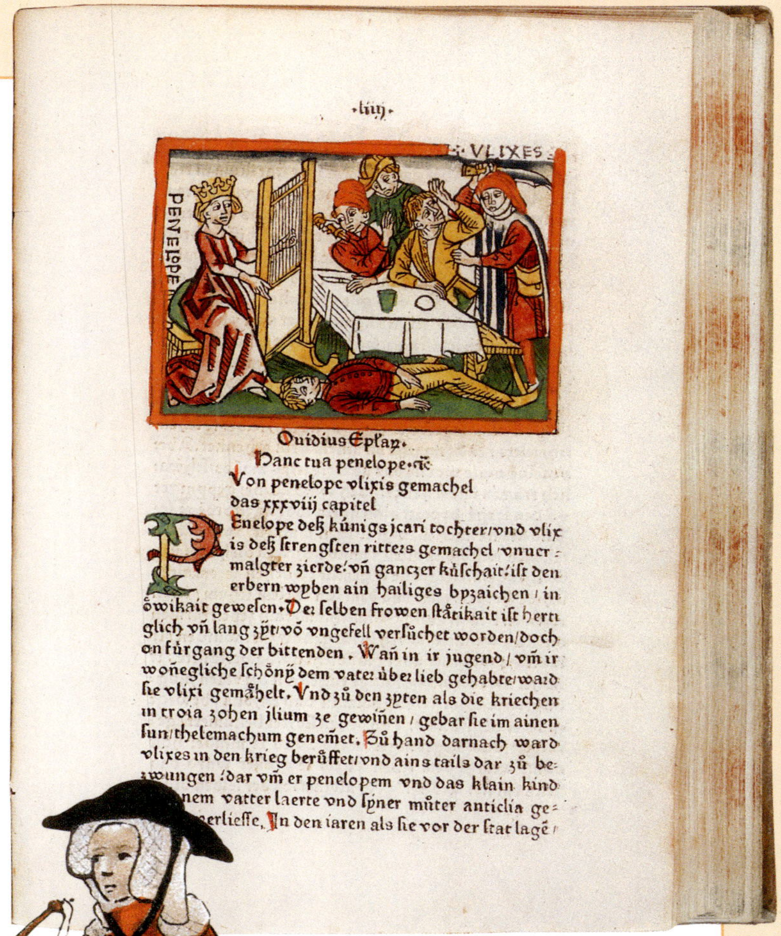

·liiij·

VLIXES

PENELOPE

Ouidius Epl'an.
Hanc tua penelope. etc.
Von penelope vlixis gemachel
das xxxviij capitel
Penelope deß künigs jcari tochter/vnd vlixis deß strengsten ritters gemachel/vnuermalgter zierde/vñ ganczer küschait/ist den erbern wyben ain hailiges byzaichen/in öwikait gewesen. Der selben frowen stärkait ist herttglich vñ lang zyt/vö vngefell versüchet worden/doch on fürgang der bittenden. Wañ in ir jugend/vm ir woñegliche schönj dem vater über lieb gehabte/ward sie vlixi gemähelt. Vnd zü den zyten als die kriechen in troia zohen jlium ze gewinnen/gebar sie im ainen sun/thelemachum genemet. Zü hand darnach ward vlixes in den krieg berüffet/vnd ains tails dar zü bezwungen/dar vm er penelopem vnd das klain kind ...nem vatter laerte vnd syner müter anticlia ge...erliesse. In den iaren als sie vor der stat lagē

외국서적에 대한 수요가 증가하자 독일의 서적상들은 번역가를 고용해 보카치오의 〈유명한 여자들〉과 같은 책을 독일어로 번역했다.

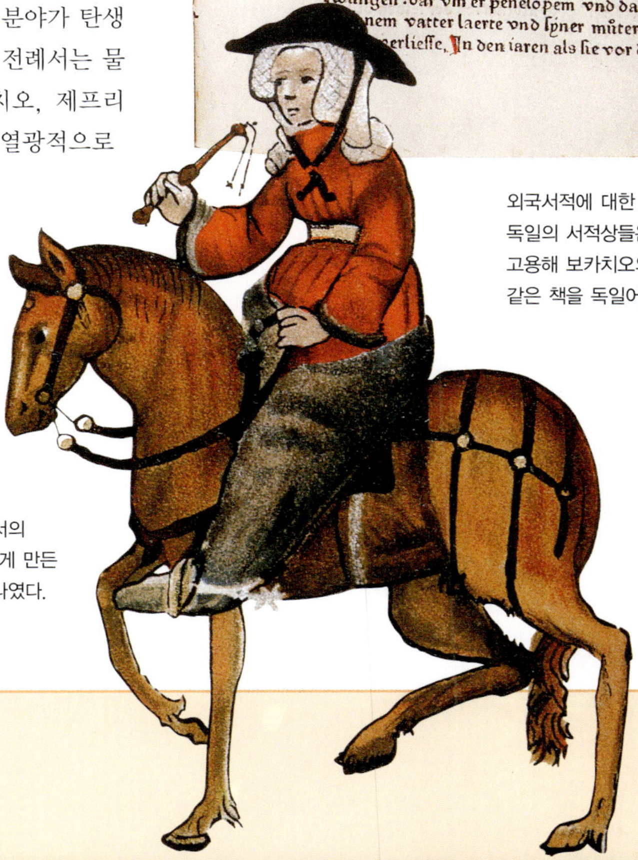

배스의 아내는 독자들을 초서의 〈캔터베리 이야기〉에 빠져들게 만든 흥미진진한 등장인물 중 하나였다.

그러나 동업조합의 관리들이 그 기량을 인정할 만하다고 판단할 경우에만 그 후보는 충분한 자격을 갖춘 완전한 장인으로 받아들여졌다.

동업조합 길드는 업종을 만들고 규제하고, 심지어 제재하는 주요 장치가 되었다. 그 기원은 초기의 종교조직이었던 것 같다. 길드라는 말이 처음 등장한 것은 카롤루스의 칙령이었다. 길드는 점차 직업조직으로 발전되었고, 그 첫 번째 기능은 소속원들의 권익을 보호하는 것은 물론 사업활동을 감독하는 것이었다.

좋은 쪽으로든 나쁜 쪽으로든 길드는 도시의 일상생활에 많은 영향을 끼쳤다. 길드는 중세의 일하는 날, 즉 노동시간을 통제했다. 일하는 날의 노동시간은 해가 뜰 때 시작해 땅거미가 질 때 끝이 났다. 촛불 아래에서 한 일은 반드시 품질이 떨어진다는 근거에서 황혼 이후에 일하는 것이 금지되었다. 또 길드는 임금요율을 제시했고, 반드시 수용 가능한 기준에 도달하는 물건을 만들어내도록 했으며, 그렇지 않을 경우에는 무거운 벌금으로 고통을 주었다. 아울러 병이 들었거나 늙은 길드 소속원들을 대신해 재정부담을 지기도 하고, 그들이 죽었을 때 미사를 바치는 경

장인들의 길드

자신들이 만들어내는 제품의 질과 가격을 유지하려는 노력에서 중세의 상인과 장인들은 스스로를 보호하는 길드라는 이름의 동업조합을 만들기 시작했다. 오른쪽에 보이는 직물염색공과 위에 보이는 휘장으로 상징된 독일 아우크스부르크의 제빵사, 재단사, 양조업자 등과 같이 모든 종류의 노동자들은 길드를 조직했다. 사실 아우크스부르크는 길드의 요새였다. 1368년에는 6명의 길드 대표들이 시의 회 의원으로 당선되기도 했다. 왼쪽 그림에서는 새로 당선된 시의원들이 취임하기 위해 시청에 있는 회의실로 들어가고 있다.

비를 대는 등 자선을 베풀기도 했다. 덜 유익하기는 했지만, 직업에 입문하는 것을 제한하고 가격할인이나 광고를 금지시키며, 또 대부분의 경우 모든 형태의 경쟁이나 혁신을 방해하기도 했다.

길드는 그 소속원들의 복지를 향상시키는 데 매우 성공적이어서, 곧 종을 치고 길을 수리하는 일에서부터 초를 만들고 천을 짜는 일에 이르기까지 모든 일마다 길드를 형성했다. 심지어 도둑과 거지들도 모임을 조직했으며, 파리에는 창녀들의 조직까지 있어서 어디에도 속하지 않은 자유로운 경쟁자들의 위협으로부터 그 소속원들을 보호해주려고 애쓰기도 했다고 한다.

이러한 조직은 모든 일의 세세한 부분까지 통제했으며, 그 조직을 움직이는 사람들에게 엄청난 권력을 안겨주었다. 때로는 길드가 고용주의 손에 들어가기도 했는데, 이들은 먼저 임금을 제한한 다음 길드 가입자를 제한했다. 예를 들어 13세기 잉글랜드의 직물제조 길드 관리들은 천을 짜고 축융하고 염색하며 손을 더럽히는, 이른바 '푸른 손톱'이라 불린 급여제 장인기술자들을 모두 길드에서 제외시키기로 결정했다. 이런 상황에서 길드 가입을 거부당한 노동자들은 때로 자신들만의 길드를 조직하기도 했다(그리고 과거 동료들에게 원한을 품기도 했다).

길드 내 권력투쟁은 도시와 그 외부의 민간 및 교회 통치자들에게로 확대되었다. 봉건적인 의무의 세계에서 도시가 차지할 자리는 없었다. 그러나 귀족과 주교들은 종종 그들이 장원과 수도원에서 행사했던 것처럼 도시에 대해서도 절대적인 권한을 행사하려 했다. 시민들은 이에 맞서 더 높은 권위(왕)에 도움을 호소했다. 그들의 자유를 상징하는 왕의 특허장과 인장을 받는 대가로 도시는 많은 돈을 왕에게 바쳤다(이런 매력적인 거래를 거부할 수 있는 왕실은 거의 없었다).

돈을 주고 얻었건 혹은 무력으로 얻었건 간에 어느 정도의 독립을 확보한 도시는 백지 상태에서 그들의 일을 처리하는 방법을 만들어내야만 했다. 길드에서 아이디어를 얻은 도시는 시의 행정체제를 만들어냈다. 런던에서는 올더먼(alderman)이라는 시의원을 선출해서 통치위원회를 만들었는데, 이들은 자기들 중에서 시장을 뽑았다.

여기서 약간의 민주주의도 선보였지만 투표는 그렇게 널리 확산되지는 않았다. 그 결과로 만들어진 것이 시의회였다. 시의회는 무제한 임기의 소수 부유한 상인 가문 출신의 엘리트 집단이 되어버리는 경우가 흔했다. 그러나 이러한 체제는 권력을 나누어 갖는 것에 익숙하지 않았던 통치자들의 시기와 분노를 사기도 했으며, 그것은 잉글랜드에서 벌어진 일련의 극적인 사건에서 잘 드러났다.

런던에는 '자유'라는 이름의 오래 된 유산이 있었다. 거기에는 시의회·주장관·시장 등을 선출할 권리도 포함되었지만, 자신의 신하들에게서 조금이라도 독자적인 모습을 보는 것을 증오했던 국왕 헨리 3세는 런던의 이러한 자치권력에 몹시 분개했다. 왕은 '스스로를 귀족이라 부르는 어릿광대 같은 런던 사람들'을 벌주기로 결심하고 각종 세금을 부과했다. 1258년 시의회가 재정상의 불법행위를 저질렀다는 비난이 일자, 왕은 이를 핑계로 시장과 5명의 시의원들을 해임시켰다. 그 과정에서 왕은 자신을 그 부정행위로부터 고통받은 하층민의 옹호자로 부각시키려고 무척 노력했다.

그러나 전국의 어느 누구도 그를 기꺼이 지지하지는 않았다. 개혁을 요구하는 징후가 나타나기 시작하더니, 왕의 처남인 시몽 드 몽포르가 직접 반체제 세력을 이끌면서부터 그 힘은 대세가 되었다. 1258년 4월, 마침내 사태는 걷잡을 수 없는 지경에 이르렀다.

엄청나게 불어나던 왕의 빚은 결국 재정위기를 초래했으며, 이를 기회로 잉글랜드의 귀족들은 왕에게 압력을 넣어 개혁에 동의하도록 했다. 그러나 1261년 어느 정도 통제력을 회복한 왕은 그 약속을 어겼다. 1263년이 되자

정부는 또다시 비틀거렸고, 이때 몽포르는 개혁을 지지하며 반란을 일으켰다.

당시 런던 시장은 토머스 피츠토머스라는 이름의 부유한 직물상이었다. 그는 귀족 지배계급에 속한 사람으로서, 그의 가문은 40년간이나 런던 시정부에 관여했다. 그는 1258년에 있었던 부정행위 조사에서 무죄가 입증된 적이 있었으며, 그 결과 명성이 높아졌다. 그로부터 3년 뒤 그를 런던 시의 최고 위직에 뽑은 것은 당연한 선택이었던 것처럼 보였다.

1263년 6월, 이 충실한 시민이자 성공한 도시인의 전형이었던 그는 갑자기 자신이 진퇴양난에 빠졌다는 사실을 깨달았다. 몽포르의 세력이 런던으로 진격하고 있었는데, 몽포르는 미리 사자를 보내, 런던이 자신을 지지할 것인지 왕을 지지할 것인지 알아보려고 했다. 수많은 런던 시민들은 조금도 주저하지 않았다. 사자가 왔다는 소식을 듣자마자 그들은 무기를 들고 거리로 떼지어 몰려나와 몽포르에 대한 지지를 과시했다.

피츠토머스는 본능적으로는 법과 질서의 편에 서서 권위를 내세우려 했을지는 모르겠으나, 결국 그는 자신의 운명을 반란세력과 함께하기로 결정했다. 그는 몽포르의 대의를 지지하는 버팀목이 되었다. 그러는 과정에서 그는 떠오르는 직종(생선장수 · 양모 포장업자 · 거들 생산업자 · 가죽 세공업자)에서 새로운 권력기반을 갖게 되었는데, 과거에 이들은 도시를 움직이는 데 아무런 발언권도 없었던 이들이었다.

결과적으로 피츠토머스가 택한 쪽은 패자 쪽이었다. 처음에는 몽포르가 승승장구했으며 심지어 얼마간 왕을 포로로 잡기까지 했지만, 결국 1265년 이브섬 전투에서 왕의 아들이자 미래의 국왕인 에드워드 1세에게 패배함으로써 그는 죽었다. 몽포르의 시신은 왕자의 명령에 따라 전쟁터에서 발가벗겨진 뒤 갈기갈기 찢겨졌다.

다시 권력을 잡은 헨리는 반역한 런던 시민들에게 복수했다. 왕은 그들의 토지 상당수를 몰수했다. 피츠토머스는 에드워드 왕자에게 넘겨져 투옥되었봉건법으로부터의 독립을 과시하면서 플랑드르의 상인들이 그들 도시의 특허장을 받고 있다. 일반적으로 도시가 귀족 지주들로부터 사들인 특허장은 법적 면책 및 면세 등과 같은 특정한 권리와 혜택을 제공했다. 오른쪽은 존 왕의 특허장으로 알려진 문서로, 런던 시민들에게 그들의 시장을 뽑을 수 있도록 승인해주고 있다.

다. 결국 런던은 엄청난 액수의 벌금을 물고 사면을 받았다. 피츠토머스는 별로 운이 좋지 않았다. 그는 4년간 감옥에 있었으며, 재산은 압수당했다. 결국 대가를 지불하고 겨우 감옥에서 풀려난 그는 몇 년 뒤 세상으로부터 잊혀진 채 조용히 숨을 거두었다.

비록 런던에서의 혁명적인 사건이 결국 개혁이라는 대의에서 후퇴하는 결과를 가져왔지만, 한번 폭발한 사회의 힘은 억누를 수 없었다. 시의원들이 구성한 정부는 회복되었지만 새로운 직종 세력들은 점차 자신들의 대표를 내세울 수 있었으며, 그들의 일을 스스로 처리할 수 있는 권리도 획득했다. 하지만 그보다 더 중요한 것은 런던이 불안정하고 잠재적으로 위험하다는 것을 드러냈다는 점이었다. 계층간 긴장과 정치적 불신은 사람들로 붐비는 거리에서 얼마나 쉽게 공공연한 반란으로 폭발할 수 있는가를 잘 보여주었던 것이다.

자치를 획득하고 세력확장에 힘쓰던 다양한 사회집단 간 균형을 유지하기 위해 고군분투하던 13세기 유럽 전역의 도시들은 비슷한 문제로 곤란을 겪었다. 그러나 이렇게 커져만 가던 고통도 도시의 번영이나 인구증가는 막지 못했다. 이러한 경향은 중세 유럽이 그 종말의 전조가 될 위기를 겪게 되는 14세기에 가서 좀더 혹독한 도전을 받았다.

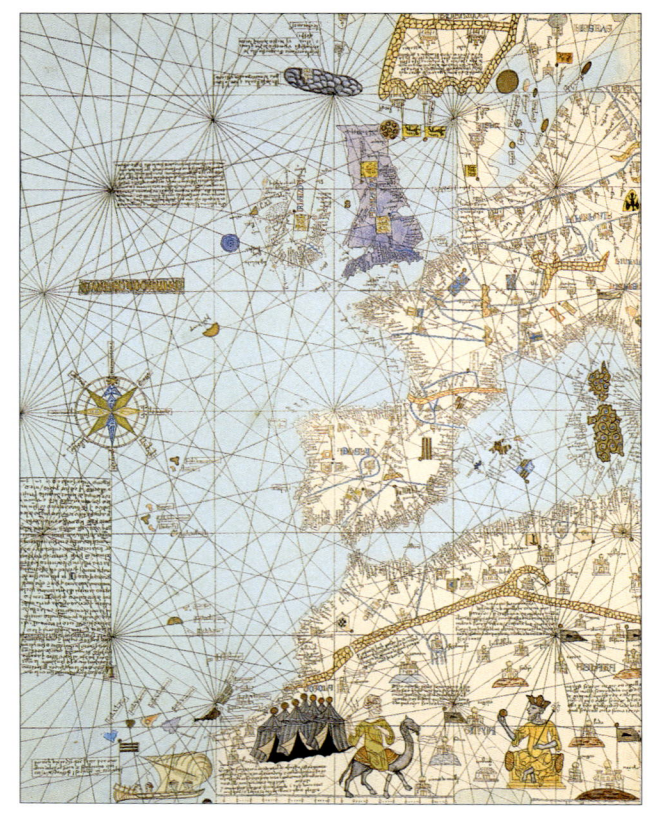

이탈리아의 도시들이 무역을 놓고 서로 치열하게 경쟁했던 반면, 북쪽 독일의 도시들은 서로 제휴를 맺었는데(오늘날의 유럽연합과는 다르다), 이것이 한자동맹이다. 160개 도시들의 동맹이 남부 유럽으로 가는 육상 무역로를 장악했으나, 대부분은 해상 무역로가 이용되었다.

오른쪽 그림은 세관관리들이 분주한 함부르크 항 부둣가에서 기중기가 하역하는 물건을 조사할 준비를 하는 모습이다. 한자동맹의 항구들과 다른 무역 중심지를 오가는 배들은 방향 안내선이 표시된 간단한 해안선 지도(위)의 도움을 받아 항해했다. 아마도 이런 지도를 웬만해서는 시야에서 사라지지 않는 육상 목표물에 대한 안내서로 사용했을 것이다.

14세기는 재난의 시대였다. 일부는 천재(天災)였고, 일부는 인재(人災)였다. 인재의 범주에 드는 것으로는 대륙을 분열시키고 이어서 죽음과 파괴를 가져온 수많은 무력분쟁이었다. 잉글랜드와 프랑스는 끝없는 파괴를 초래한 백년전쟁을 시작했으며, 북부 이탈리아와 독일은 진저리나는 지역분쟁으로 산산조각이 났다. 유럽 전역에 걸쳐 무장한 용병들은 민간인들을 공포로 몰아넣었다.

중세 세계 질서의 요새인 교황권도 비틀거렸다. 먼저 로마의 혼란으로 말미암아 교황청이 프랑스 남부 아비뇽으로 밀려나고 말았다. '아비뇽 유수'라고도 알려지게 된 이 사건 이후 훨씬 더 심각한 문제가 발생했다. 1378년에서 1417년까지 – '대분열(Great Schism)'이라 알려진 기간 – 각각 로마와 아비뇽에서 임명된 라이벌 교황들이 자신의 우위를 주장하며 상대를 지지하는 사람들을 파문시켰다.

이러한 비극 위에서 예기치 못한 엄청난 역사의 응징이 이루어졌다. 바로 페스트였다. 1347년 동방으로부터 온 배에 실려 시칠리아에 상륙한 선페스트는 이탈리아의 항구도시에서부터 유럽의 가장 외진 촌락에 이르기까지 빠른 속도로 퍼져나갔다. 이 병에 감염된 사람들은 겨드랑이와 사타구니에 혹, 즉 서혜 임파선종이 생겨났다. 검은 멍이 온몸을 뒤덮었으며 혀도 까맣게 변해버렸다. 오늘날 알려진 것처럼 선페스트는 쥐에 붙어 있는 벼룩에 의해 사람에게 옮겨졌지만, 곧이어 공기를 통해 사람에서 사람으로 옮겨지는 폐페스트(같은 페스트의 형태)가 발생했다. 당시 사람들에게 이 병은 세상의 죄에 대해 신이 내리는 심판처럼 보였다. 2년 사이에 과거 어떤 전염병보다도 더 많은 사람을 죽게 만든 페스트는 유럽 인구의 3분의 1을 휩쓸어버렸다.

이탈리아의 작가 조반니 보카치오는 그의 위대한 작품 〈데카메론〉에서 페스트가 미친 영향에 대해 기억에 남을 만한 글을 썼다. "초기 단계에는 남녀 모두 사타구니나 겨드랑이에 혹이 생긴다. 이런 혹 중 일부는 보통 사과만한 크기인 것도 있고 달걀만한 크기인 것도 있다… 그런 다음에는 검은색 혹은 검푸른 부스럼 모양으로 변하는데, 이런 부스럼이 팔이나 허벅지, 그리고 몸의 여러 부위에 나타나게 된다… 의사의 충고도, 약도 이 병을 치료하는 데 아무런 도움이 되지 않고 효과도 없는 것 같다… 극소수의 사람만이 치유되었을 뿐, 거의 모든 사람들은 이런 증상이 나타난 지 사흘 안에, 혹은 좀더 되어 죽었으며, 대부분 열이나 다른 합병증은 없었다."

페스트는 일단 사람들 사이에서 확실히 자리잡자 그후 300년에 걸쳐 여러 차례 재발되기도 했다. 페스트가 전파되는 놀라운 속도와 더불어 그것이 어떤 이는 죽이고 어떤 이에게는 아무런 피해를 주지 않는 가운데 무차별적으로 번지는 것을 본 사람들은 당황하고 공포에 떨었다. 생존자들의 고통은 그들이 쓴 편지 속에 마치 아물지 않은 쓰라린 상처처럼 생생히 살아 있다. 어느 이탈리아의 법률가는 친구에게 보낸 편지에서 이렇게 썼다. "나의 두 아이(큰아이와 가운데 아이)가 내 팔에서 몇 시간 만에 죽는 것을 보았네. 내가 큰아이한테 건 기대가 얼마나 컸는지는 하나님께서 잘 알고 계실 걸세. 그 아이는 벌써 나의 친구이자 다른 아이들에게는 나와 함께 아버지나 마찬가지였네. 아르딩고의 회사에서도 얼마나 잘 지냈던가!… 같은 시각 나의 아내인 안토니아도 아파서 죽어가고 있었고, 침대에 함께 있던 둘째 아들도 아내 곁에서 죽었다네. 어린애들이 흐느끼는 소리를 들으며, 또 애들 엄마가 결국 이겨내지 못한 것을 보면서 내 마음이 얼마나 찢어졌을지 상상해보게… 생각해보게… 셋이나 죽어버리다니!"

그러나 이런 암흑의 시절에도 번창하는 사람들이 있었다. 위의 편지를 받은 사람은 프란체스코 디 마르코 다티니라는 이름의 상인이었는데, 우연히도 그가 그런 사람이었다. 그는 불굴의 노력으로 세세한 것까지 끊임없이 챙기면서 사업을 일으켜 자수성가한 사람이었다.

가난한 선술집 주인의 아들이었던 다티니도 페스트에
대해서 잘 알고 있었다. 그는 페스트가 처음 발병했을
때 남자 형제 한 명만 빼고 모든 가족을 잃어버렸다. 슬
픔으로 괴로웠던 그는 1350년 15세의 나이에 혼자서 교
황이 45년 전 자리잡았던 아비뇽으로 성공을 찾아 길을
나섰다. 얼마 안 되는 땅을 팔아 생긴 돈 150플로린을
긁어모아 장사를 시작한 그는 곧 교황청 근처에서 사치
품 가게를 운영하면서 무기와 갑옷, 투구에서부터 에스
파냐 산 가죽에 이르기까지 모든 것을 팔았다. 가게는
번창했으며, 그로부터 32년 뒤 그가 마침내 북부 이탈
리아에 있는 고향 프라토로 돌아가기로 결심했을 때 그
의 재산은 20배 이상 불어나 있었다.

그는 아내를 데리고 귀향했다. 그보다 25세나 어린
마르게리타는 귀족집안 출신이었으나, 그녀의 가문은
그녀의 아버지가 피렌체 내전 중에 처
형되면서 모든 것을 잃어버렸
다. 프란체스코는 지참
금 한푼 없는 그녀를
받아들였다(빈틈없는 사
업가로서는 보기 드문 행
동이었지만 그 결합이 적
어도 그로서는 사랑에 의
한 것임을 암시한다).

프라토로 돌아온 프
란체스코는 멋진 저택

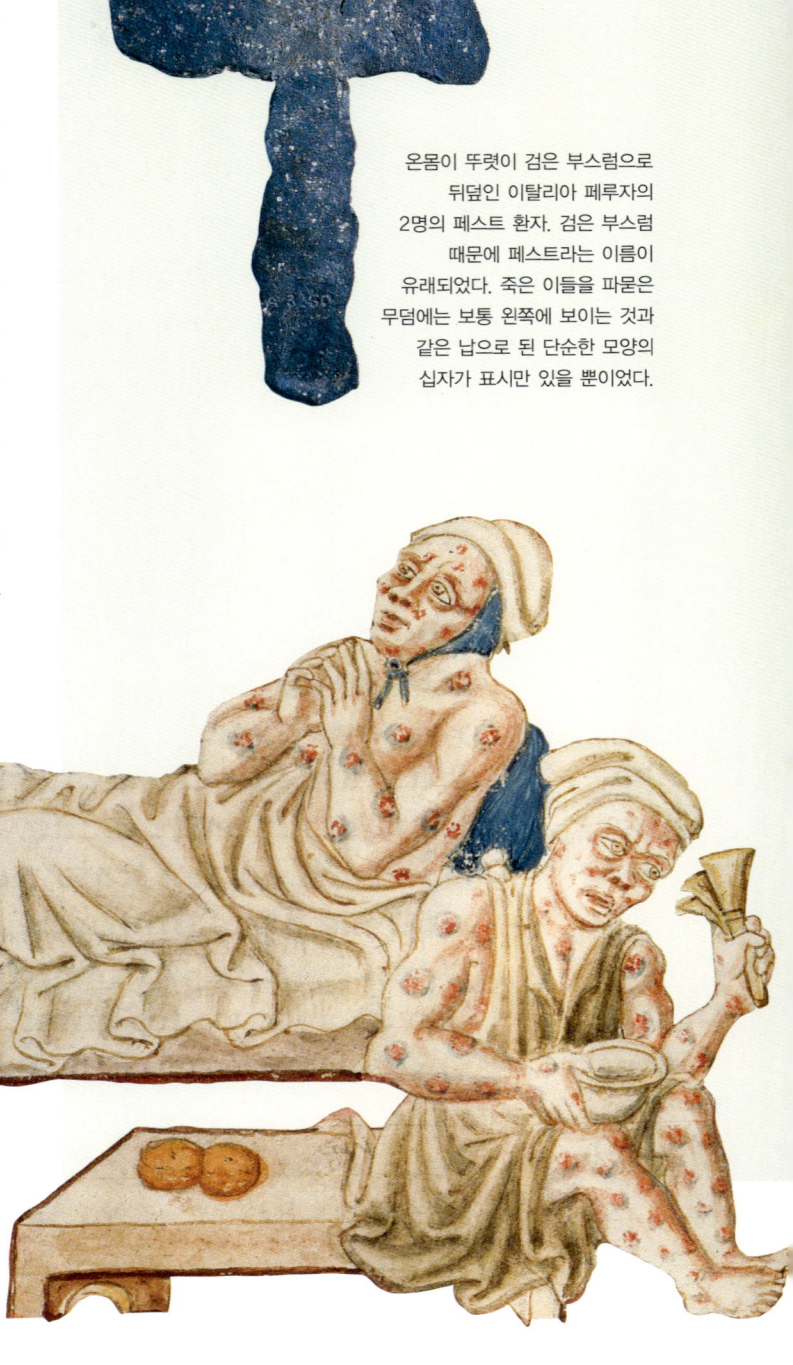

온몸이 뚜렷이 검은 부스럼으로
뒤덮인 이탈리아 페루자의
2명의 페스트 환자. 검은 부스럼
때문에 페스트라는 이름이
유래되었다. 죽은 이들을 파묻은
무덤에는 보통 왼쪽에 보이는 것과
같은 납으로 된 단순한 모양의
십자가 표시만 있을 뿐이었다.

죽음의 춤을 표현한 15세기 프레스코 화. 낫을 든 죽음의 신이 부자건 가난뱅이건, 남자건 여자건 가리지 않고 모든 사람들을 방문하고 있다.

| 페스트 — "모두들 죽음을 기다리고 있었다" |

1300년대 유럽은 중국으로부터 흑해와 지중해 항구에 걸쳐 형성된 무역망의 결실을 만끽하고 있었다. 그러나 1347년 10월, 늘 싣고 다니던 보석·비단·향신료 외에 다른 어떤 것을 싣고온 이탈리아의 상선 한 척이 시칠리아의 메시나 항에 정박했다.

메시나 사람들은 선원들의 상태를 보고 경악했는데, 어떤 사람은 선원들이 '뼛속까지 들러붙은 병'을 앓고 있었다고 했다. 공포에 질린 시민들은 그 배를 바다 쪽으로 밀어냈다. 그러나 그때는 이미 배 안의 수많은 쥐들이 선착장에 정박시킨 배의 밧줄을 타고 잽싸게 빠져나간 뒤였다. 진짜 병을 옮긴 것은 바로 이 벼룩이 득실거리는 쥐들이었다. 몇 주 지나지 않아 시칠리아 전역에서 사람들이 죽기 시작했다. 3개월 뒤에는 이탈리아 본토로 전염병이 퍼져나갔다. 1350년 여름에 이르러서는 유럽 대부분의 지역이 감염되었다. 유럽 대륙에 역병이 든 것이다. 세기말에 이르러서는 유럽 인구의 3분의 1 이상(약 5,000만 명쯤)이 죽음을 맞이했다.

페스트라 알려진 이 병은 예측하기 힘든 살인마였다. 어떤 희생자들은 잠자리에 들 때까지만 해도 건강해 보였는데 아침에 죽은 채로 발견되기도 했다. 그나마 그런 이들은 운이 좋은 편이었다. 어떤 사람들은 1주일씩 앓다가 죽었는데 그들은 죽기 전에 통증과 오한, 겨드랑이와 사타구니에 생기는 달걀만한 종기, 피하출혈, 춤추는 것 같은 기괴한 동작을 하도록 만드는 신경체계의 붕괴 등 온갖 증상에 시달려야만 했다.

페스트에 걸린 사람들은 할 수만 있다면 어떤 도움이라도 구하려 했다. 왼쪽 그림에서는 병에 시달리는 가족들이 사제의 기도에 의지하고 있다. 어떤 이들은 감염방지를 위해 새 모양의 탈을 쓴 의사, 이른바 부리 의사(Beak Doctor, 아래)의 도움을 요청하기도 했다.

생존자들은 자신도 언제 그런 종말을 맞이할지 모른다는 공포에 사로잡혔는데, 그것은 다른 모든 감정을 압도해버렸다. 이탈리아의 작가 조반니 보카치오는 "형제가 형제를… 아내가 남편을 저버렸다"라고 말했다. "심지어… 자식을 저버리는 부모도 있었다."

사망자 수는 끔찍했다. 시골에서는 너무나 많은 농민들이 죽어서 장원제도 자체가 위협받았다. 도시 사정은 더욱 나빴다. 과밀한 인구와 형편없는 위생시설은 질병을 키우는 데 그만이었기 때문이다. 어떤 도시에서는 하루에 600명씩 죽어갔다. 런던 사람들은 그들을 깊이와 폭이 각각 180cm, 길이 약 90m에 이르는 대형 무덤에 파묻었다. 밀라노에서는 산 자와 죽은 자 모두 같은 운명에 처해지기도 했다. 병자의 식구들 모두가 감금당해 죽었던 것이다.

유럽 최악의 자연재해였던 페스트는 수그러들다가도 다시 발생했는데, 그것은 주기적으로 마치 무시무시한 일격을 가하려는 것처럼 보였다. 1347년에 발생한 페스트는 1351년에 잠잠해졌으나 1361년, 1369년, 또 세기말까지 10년 단위로 재발했다. 페스트가 궁극적으로 사라지게 된 원인은 여전히 미스터리로 남아 있다.

약은 페스트를 막는 데 아무런 효과가 없었는데, 학자들은 이것을 어떻게 설명해야 좋을지 몰랐다. 이런 공백을 틈타 수많은 별의별 가설들이 난무했다. 어떤 이들은 유대 인들이 물에 독을 풀었다고 비난했고, 어떤 이들은 토성, 목성, 화성이 불길하게 일직선상에 오게 되어서 그런 것이라 했으며, 또 어떤 이들은 '오염된 증기' 때문이라고도 했다. 심지어 어떤 사람들은 늙은 여인에 대한 육욕을 통해 옮겨졌다고 주장하기도 했다.

그러나 대부분은 페스트가 죄를 지은 인간에 대한 신의 응징이라고 믿었다. 다섯 자녀를 페스트로 잃어버린 시에나의 아뇰로 디 투라는 "너무나 많은 사람들이 죽어서 모두들 세상의 종말이 왔다고 믿었다"라고 회상했다. 이러한 체념은 광범위하게 번져서 시간이 흐르자 "아무도 죽음을 슬퍼하지 않았다. 왜냐하면 모두들 죽음을 기다리고 있었기 때문이다."

을 지었는데, 그 건물은 오늘날까지 남아 있다. 그는 또한 에스파냐와 발레아레스 제도에까지 사업을 넓혔다. 그는 시간의 상당 부분을 피렌체에 있는 본사에서 보내야 했으며, 그 때문에 약 24km 떨어진 프라토에 있던 마르게리타와는 편지로 연락을 주고받아야 했다.

그는 지칠 줄 모르고 편지를 썼다. 그 점에 있어서는 어느 누구도 그를 따를 수 없었다. 그는 나이 예순이 넘어서 이런 편지를 쓰기도 했다. "지난 이틀 동안 밤낮으로 잠도 자지 않고 겨우 빵 한 덩어리를 먹으면서 편지를 썼더니 오늘은 몸이 별로 좋지 않소." 그는 또한 편지나 서류를 하나도 버리지 않고 강박적으로 모아두는(역사를 위해서는 다행한 일) 사람이었다.

그가 죽은 뒤 15만 통에 이르는 편지와 사업 서류 더미는 밀봉된 채 그의 프라토 저택 계단 밑 먼지 가득한 구석에 보관되었다. 그리고 450여 년이 지난 1870년, 그 집을 보수하던 사람들이 그것을 발견함으로써 프란체스코와 마르게리타의 은밀한 결혼생활은 낱낱이 밝혀지게 되었다.

그들의 결혼생활이 결코 쉬웠던 것은 아니었다. 마르게리타는 일 중독에 빠진 까다로운 남편의 끊임없는 잔소리에 시달려야 했던 생기발랄한 젊은 여인이었

부유한 사람들은 십자가상으로 장식된 부적(오른쪽)이 자신들을 안전하게 보호해줄 것이라고 믿기도 했다. 또 아래 그림에 나오는 피렌체 시민들과 같은 사람들은 시골의 보다 신선한 공기를 찾아 도시를 떠났다.

185

다. 처음에 남편의 편지는 자기보다 못한 사람을 돌보는 듯한 다분히 생색내는 어조로 씌어졌으나, 그녀는 이를 절대로 받아들이지 않았다. 프란체스코는 아내 마르게리타가 쓴 편지 중 하나가 '젊은 여자의 문체로 보기에는 뛰어난 것' 같다며 남의 말을 받아쓴 게 틀림없다고 했다. 마르게리타의 자존심으로는 도저히 참을 수 없었다. "뭐 그렇게 대단하다고 생각하지는 않지만, 제게는 게라르디니의 피가 약간 흐르고 있습니다." 그녀는 거만하게 자신의 우월한 혈통을 환기시키면서 이렇게 덧붙였다. "하지만 당신에게는 어떤 피가 흐르고 있는지 저는 잘 모르겠습니다."

"당신을 기쁘게 한다면 피사뿐 아니라
이 세상 끝이라도 가겠습니다."

전형적인 14세기의 부유한 숙녀들은 의상에 많은 시간과 관심을 투자했으며, 그 점에 있어서는 마르게리타도 예외는 아니었다. 그녀는 프란체스코에게 보낸 편지 중 상당 부분에서 옷감에 대해 이야기했으며, 남편은 그런 옷감을 충실히 구해서 보냄으로써 그녀의 직접 감독하에 옷으로 만들도록 했다. 한번은 남편이 보낸 옷감이 재단하기도 전에 줄어들어 완벽한 옷 한 벌을 만들기에는 부족하다며 불평을 하기도 했다. 그녀는 프란체스코에게 살짝 주의를 주었다. "카푸초(옷에 달린 모자)를 만들 수 있도록 좀더 옷감을 구할 수 있는지 알아봐주세요. 새 외투에 헌 모자를 달고 싶진 않거든요."

부유한 상인의 아내에 어울리게 마르게리타는 최상의 실크, 벨벳, 선명한 무지개 색깔의 다마스크 천으로 만든 옷을 가지고 있었다. 당시 유행에 따라 드레스는 바닥에 닿았으며 때로는 뒤로 길게 끌리기도 했다. 소매는 정교한데다가 탈부착이 가능해서(마르게리타는 주홍빛 벨벳과 다람쥐 털과 토끼 털로 된 소

은행업의 부상

이탈리아의 상업도시에서 사용된 통화는 중세 유럽에서 가장 안정된 통화였다. 은행업은 가장 먼저 이탈리아 도시에서 번창해 복식부기와 수요공급에 기초한 가격 등과 같은 근대적인 사업기법이 개발되었다.

왼쪽에 보이는 두 장면은 이탈리아의 은행가들이 일하는 모습을 그린 것이다. 은행(bank)이라는 이름의 유래가 되기도 한 작업대를 뜻하는 벤치, 곧 뱅크 위에 놓인 동전을 세고(위), 손님들이 순서를 기다리고 있는 동안 계좌를 기입하고 있다(아래). 이들의 손을 거쳐갔을지도 모르는 동전 중 하나가 바로 아래 보이는 피렌체의 플로린이다. 이 동전은 국제무역에서 널리 사용되었다.

매를 가지고 있었다) 다른 옷과 맞추어 입을 수도 있었다.

어떤 남자들은 이런 유행에 화를 내기도 했다. "여자가 길거리를 걸어다닐 때 그 치렁치렁한 옷자락이 뭘 휘젓는지 아십니까? 바로 먼지입니다. 겨울에는 진흙투성이에서 뒹굴죠. 여름에 여자 뒤에서 걸어가는 사람은 그 여자가 휘저으며 일으키는 냄새를 맡아야 합니다… 보세요! 겨울이 되면 여자는 진흙을 묻히고 다니느라 옷단은 다 망가집니다… 하녀를 시켜 그것을 깨끗이라도 할라치면, 저 암퇘지가 어디론가 사라져버렸으면 좋겠다며 어찌나 시끄럽게 투덜대는지!" 작가 프랑코 사케티는 이렇게 관찰했다. "소매인지 자루인지, 도대체 그렇게 불편하고 아무 소용 없는 복장보다 더 어리석은 게 어디 있답니까? 소매나 옷에 무언가 묻히지 않고는 식탁 위의 잔을 들지도 못하고 한입 먹을 수도 없으니 하는 말입니다. 어디 그뿐입니까? 잔을 넘어뜨리기 일쑤이기도 하지요."

가끔씩 나오는 이런 비난에도 불구하고 마르게리타는 자신의 의상에 매우 만족했던 것 같다. 그녀의 남편도 자신의 약점에 대한 보상이라도 하려는 듯 마르게리타가 계속해서 사치스러운 습관에 젖을 수 있도록 방관했다. 그밖에도 다소 이상한 문구가 편지에 나오는 것으로 보아 결혼생활이 파란만장하긴 했던 것 같다. 하지만 그래도 이들 사이에 사랑이 전혀 없었던 것은 아니었다.

프란체스코 디 마르코 다티니가 입고 있는 우아한 주홍색 옷은 14세기의 부유한 상인이었던 그의 지위를 잘 보여준다.

한번은 사업거래 때문에 장기간 피사에 머물게 된 프란체스코가 아내에게 피사로 오라고 했다. 늘 그랬듯이 퉁명스러운 말투였다. "내 입에 맞는 건 먹어보지도 못했소. 모두 내가 싫어하는 것들이며 식기도 조악하오. 당신이 여기 있다면 좀더 편할 텐데." 이때 마르게리타가 보낸 답장은 좀더 부드럽고 다정했다. "내가 집을 몽땅 거기로 옮겨가야만 당신이 기뻐하실 것 같군요. 그런데도 당신은 저보고 결정하라고 그러시네요. 당신은 제게 친절을 베푸느라 그렇게 하십니다만, 저는 그런 영광을 누릴 자격이 없습니다. 당신을 기쁘게 한다면 피사뿐 아니라 이 세상 끝이라도 가겠습니다."

　　그러나 무슨 이유에서인지는 모르겠지만 마르게리타는 피사에 있는 남편에게 가지 않았다. 그들의 별거(표면상으로는 사업 때문에)는 계속되었고, 그들

이탈리아 북부 프라토에 있는 다티니 가문의 집 외관은 프란체스코의 일생을 그린 프레스코 화로 장식되어 있다. 이 그림들은 프란체스코가 죽은 뒤 그의 동료 시민들에 의해 그려졌는데, 이는 보통 군주와 교황들에게 돌아갔던 영광이었다.

사이에 오간 편지는 더욱 신랄해졌다. 그녀는 편지에서 이렇게 불만스럽게 말하기도 했다. "집에 오실 때 선물을 많이 가져오지 않으시는군요." 또 다른 편지에서는 단호하게 자신의 주장을 펼치기도 했다. "제가 옳아요. 당신이 아무리 소리를 쳐도 그걸 바꿀 수는 없어요!" 어떤 때 그녀가 폭발해버리면 프란체스코는 잘못을 뉘우치는 답장을 보내기도 했다. "당신을 슬프게 만든 많은 것들에 대해 마음을 좀 누그러뜨렸더니 하나님도 기뻐하셨소. 당신이 맞았소. 난 당신이 틀렸다고 말한 적이 없소."

그러나 프란체스코가 마르게리타도 잘 아는 친구의 아내와 자신을 비교하자, 그녀는 그 어느 때보다도 심하게 남편을 비난했다. "그는 자기 부인을 여인숙 주인의 아내가 아니라 여자로 대우해줍니다!" 남편이 여행으로 줄곧 왔다갔다 하는 것을 염두에 두고 한 말임에 틀림없다. 그녀는 계속해서 남편이 자기에게 해주는 대우를 그가 아끼던 노새에 대한 대우와 비교했다. "당신은 노새에게 먹이도 많이 주고 너무도 편안하게 해주어서 그 노새는 행복해 죽을 지경입니다. 제발 저도 좀 그렇게 해주세요!"

그들의 결혼생활에 불화가 생긴 가장 큰 이유는 마르게리타가 남편 다티니가 가장 원했던 단 한 가지를 해주지 못했기 때문이다. 그것은 바로 상속자였다. 세월이 지나도 마르게리타가 임신할 가능성이 없어 보이자 긴장은 더욱 커져갔다. 참견하기 좋아하는 친구들과 선의의 친척들은 효과가 약간 의심스러운 조언을 많이 해주었다. 마르게리타의 언니는 피렌체에서 이런 편지를 보내기도 했다. "여기는 아이를 가진 여자들이 많단다… 그 사람들이 쓴 방법을 물어보러 갔었는데, 배에다가 습포제를 붙였다는구나." 편지는 계속되었다. "그런데 그 습포제 냄새가 너무 지독해서 그걸 떼어버린 남편도 있다는구나. 그러니 네가 그걸 붙이는 것을 프란체스코도 바라는지 알아보거라… 하나님, 성모 마리아, 세례자 요한께서 네게 은총을 내리시길."

이들 부부가 그 민간요법(습포제의 악취 때문에 소기의 목적을 달성하는 데에는 역

효과를 낼 것 같기는 하지만)을 실행에 옮겼는지는 기록에 남아 있지 않다. 어쨌거나 마르게리타는 아이를 낳지 못했다. 남편의 실망을 잘 알고 있던 그녀는 점점 더 질투를 부렸으며 계속해서 남편의 외도를 의심했다. "당신이 쓴 건 한 글자도 믿지 않습니다. 다른 문제에 대해서는 결코 당신이 거짓말을 하지 않을 거라고 제가 맹세할 수 있지만… 이 문제에 관한 한 저는 당신이 한 번도 진실을 말한 적이 없다고 맹세합니다."

그녀가 그렇게 의심한 것은 그럴 만한 이유가 있었던 것으로 드러났다. 자식을 보겠다는 간절한 염원에서(심지어 사생아라 할지라도) 늙어가던 프란체스코는 그만 경솔한 짓을 저질렀으며, 그것은 차차 주변 사람 누가 보아도 명백해졌다. 그의 처남은 이런 편지를 보냈다. "마르게리타에게 안부 전해주십시오. 그리고 피사로 떠나실 때 저를 대신해 매부에게 변경의 여인들은 집 떠나는 남편들에게 '당신의 가정을 기억하세요!'라고 한다는 것을 얘기하라고 해주십시오. 그러면 제가 무슨 말을 하는 건지 알아들을 것입니다."

결국 프란체스코와 마르게리타가 집에서 데리고 있던 노예가 다티니에게 지네브라라는 이름의 딸을 낳아주었다. 처음에 마르게리타는 그 아이를 자기 집에 들이려 하지 않았다. 어떤 기록에서는 그 아이를 가리켜 '성 마리아 누오바 병원에 몰래 데려다놓은 어떤 여자아이'라 하고 있다. 그러나 그 아이는 곧 어느 가정집에 맡겨졌으며, '프란체스코의 딸을 돌보는 양육모의 남편에게' 정기적인 급여도 지급되었다.

그로부터 6년 뒤, 마르게리타는 자신도 아이를 가질 수 있다는 희망을 드디어 포기했던 것 같다. 그녀는 마음을 바꾸어 지네브라를 식구로 받아들였다. "지네브라 때문에 화내지 말고 당신 자신한테 화내세요." 그녀는 지네브라에 대한 편지를 남편에게 썼다. "하지만 안심하세요. 저는 지네브라를 제 딸처럼 돌보겠습니다. 진짜 그렇게 생각하고 있습니다." 결국 지네브라는 상당한 지참금을 갖고 다티니의 동업자의 젊은 사촌에게 시집가게 되었다.

세월이 지나고 마르게리타는 점점 더 편지의 상당 부분을 종교 부문에 할애하면서 남편에게 사업과 속세로부터 생각을 좀 멀리하라고 설득했다. "하지만 확실히, 당신이 생활태도를 바꾸거나 이 세상의 몇몇 가지를 포기하지도 않고, 몸뿐 아니라 영혼까지 돌보지 않음으로써 우리에게 모든 게 안 좋

석공 2명이 탑을 만들기 위해 돌을 쌓고 있다. 다른 일꾼들은 건물 주변에 비계를 설치하고, 또 다른 이들은 바퀴를 이용한 기중기로 석재를 들어올리고 있다. 공사장에서 일하는 것 외에도 석공 장인들은 건축가이자 하청업자, 기술자로도 일했다. 어떤 석공들은 빈의 안톤 필그람(위)처럼 조각가이기도 했다. 필그람은 자신의 모습을 빈 대성당의 설교단에 새겨넣었다.

아질까 두렵습니다." 그리하여 프란체스코가 마침내 자신의 모든 재산을 프라토의 자선단체에 기부하고 신과 화해하기로 결심했을 때 그녀가 기뻐했음은 말할 것도 없다. 그녀 자신은 집과 땅, 가구를 물려받은데다가, 재혼하지 않는 한 매년 금화 100플로린도 받게 되었다. 그녀는 남편이 죽은 뒤에도 13년을 더 살았으며, 그 시간의 상당 부분을 피렌체에 있는 양녀의 집에서 지냈다.

마르게리타의 신앙심은 역사적으로 그녀가 살았던 시대나 지역에서 전형적으로 나타나는 것이었다. 아비뇽 유수와 교회 대분열과 같은 모욕적인 사건에도 불구하고 신앙심은 중세 생활의 핵심이었으며, 단단한 믿음의 토대 위에 도시와 시골 사람들 모두 깊은 희망과 두려움을 쌓았다.

그들의 신앙심이 겉으로 드러난 징표는 사방에서 찾아볼 수 있었다. 그 시대의 가장 위대한 전설은 전 대륙에 걸쳐 도시와 마을에 산재한 교회의 수가 엄청났다는 것이다. 게다가 그 규모도 대단했다. 11세기 중반과 14세기 중반 사이에 프랑스에만 80개의 대성당과 500개의 큰 교회가 지어졌다. 1350년이 되어서는 이집트의 모든 피라미드에 쓰인 것보다 더 많은 돌이 교회를 짓기 위해 채석되었다.

교회는 대부분 건축기술자들에 의해 지어졌다. 이들은 길드에 속해 있었으며, 대규모 작업조(대성당의 경우 1,000명 이상)를 직접 감독하고, 공사장 근처의 임시숙소에 거주했다. 이런 건물에 화려함을 더해주었던 목수·금속공·화가 등도 마찬가지였는데, 그들은 대부분 익명으로 일했다. 그들은 예술가라기보다 장인으로 간주되었다.

프랑스 루앙의 대성당에 성가대석을 짓는 과정에 대한 기록에서도 보이듯이 고용주와 노동자의 관계가 항상 좋았던 것은 아니었다. 접이의자의 바닥은 미저리코드(misericord)라 알려진 조각물로 장식되었기 때문에 섬세한 솜씨가 필요했다. 윗부분은 평평한 이 돌출부위는 때로는 괴물상처럼 기괴한 형태를 띠기도 했으며, 또 어떤 것은 일상생활의 장면을 묘사하기도 했는데, 피곤한 성가대원들이 기나긴 전례 동안 기대어 쉴 수 있도록 지지대 역할을 하는 것이었다.

그 일을 감독할 사람으로 루앙 대성당측에서 선택한 사람은 필리포 비아르라는 장인 목수였다. 그는 약 12명의 기술자들을 고용하고, 교회 수석사제의 집을 빌려 작업이 계속되는 동안 작업장이자 집으로 사용했다.

처음에는 모든 것이 순조롭게 진행되었다. 처음 만들어진 좌석들을 검사한 위원회는 훌륭하다고 평가했다. 잘 내린 판단이었다. 왜냐하면 그 의자들은 그후 오랫동안 조각술의 명작이라는 평가를 받았기 때문이다. 그러나 그런 높은 수준의 작품은 시간이 오래 걸렸다. 처음에는 몇 달, 나중에는 몇 년을 끌었으며, 그 결과 교회측에서는 일의 속도가 더디며, 점점 많은 목수들을 고용하는 것에 대해 우려를 나타내기 시작했다.

결국 9년이 지난 뒤 교회측에서는 그 정도면 참을 만큼 참았다고 생각하고 성가대석 완성시한을 못박았다. 그러나 비아르와 그의 기술자들은 시한에 맞추지 못했다. 6개월 뒤 교회측은 비아르와 기술자 1명만을 남기고 모든 목수들을 해고함으로써 보복을 했다. 주변 지역에서 새로운 목수들이 차출되었을 때, 교회측은 일당이 아니라 일한 양에 따라 임금을 주기로 하고 그들을 고용했다.

그러나 비아르는 더 이상 그 새로운 방식 아래에서 살아남지 못했다. 3개월 뒤 그는 집을 비우라는 통지를 받았으며, 그의 물건을 압수하고 투옥시키겠다는 위협까지 뒤따랐다. 이런 처벌이 실행되었다는 기록은 없으나 그는 10년 넘게 그 일에 매달린 뒤 드디어 평화적으로 물러나겠다고 동의했던 것 같다.

그 무엇과도 비교할 수 없는 유럽의 훌륭한 종교적 건축물의 탄생 배경에는 이와 비슷한 이야기가 얼마든지 있다. 무릇 어떠한 위대한 사업도 고통 없이는 이룩되지 않기 때문이다. 시간은 이 위대한 사업에 들어간 인간의 희생을 지워버린 대신 오로지 고요한 업적 그 자체만을 남겨 후세 사람들로 하여금 감상할 수 있도록 해주었다. 그러나 그 고요한 업적, 돌덩이 뒤에는 생생하고 고통스럽지만 무한히 창조적인 세계가 숨겨져 있는 것이다.

| # 신의 영광을 위해 – 대성당

　하늘로 솟아오른 뾰족탑의 샤르트르 대성당은 주변의 프랑스 시골 풍경을 압도한다. 그것은 기독교 신앙의 위엄과 힘을 웅변하는 상징이다. 12세기에서 16세기 사이에 이와 같은 대성당 – 훗날 르네상스 시대 예술가들의 눈에는 그 양식이 거칠어 보였기 때문에 '고딕' 혹은 '야만적'이라 불려졌다 – 이 유럽 전역에 많이 지어졌는데, 이는 중세 사람들의 종교적 열정에 대한 증거였다.

　대성당 하나를 짓는 데는 보통 100년도 넘게 걸렸으며 중세 사회의 각계각층의 노력이 있어야 비로소 가능했다. 부자들은 많은 성금을 냈고 중간계층은 숙련된 장인을 제공했으며 농부들은 비숙련 노동력을 제공했다. 당시 이러한 열풍은 너무나 거세어서 기부할 여유가 조금도 없는 사람이 가장 큰 관대를 베풀었을 정도였다. 예를 들면 너무나 아름다운 대성당 중 하나인 노트르담 대성당은 신앙심 깊은 노파들이 힘들게 번 푼돈을 모아서 지은 것이라고 한다.

파리에 있는 노트르담 대성당의 외부 장식은
한눈에 사람들의 상상력을 사로잡는다.
화려한 정문(오른쪽)에는 〈신약성서〉 이야기가
돌로 표현되어 있으며, 지붕의 물받이 괴물상인
가고일(위)은 마치 자신이 내쫓아야 하는
마귀들을 찾고 있는 듯한 모습으로 높은
곳에서 파리 시내를 내려다보고 있다.

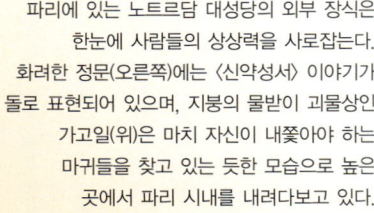

7세기 동안 닳은 흔적을 보여주는
잉글랜드 웰스 대성당에 있는
이른바 천국의 계단(왼쪽 끝)이
한쪽은 성가대 위 발코니로,
또 한쪽은 챕터하우스로 이어지고
있다. 서로 거꾸로 붙은 장엄한
아치(왼쪽)들은 웰스 대성당이
지어지고 수백 년이 지난 뒤
위가 무거운 중앙탑을 받치기
위해 추가로 지어졌는데도
성당의 원래 설계와 완벽하게
맞아떨어져 보인다.

프랑스 아미앵 대성당의 후진(앱스)과
중앙 회중석(네이브) 위로 치솟은 아치를
기둥이 떠받치고 있다(왼쪽 끝).
마치 가느다란 것처럼 보이는 이들
기둥은 사람들의 시선을 하늘 쪽으로
향하게 하는데, 천장에는 리브들이 서로
우아하게 교차되어 있다(왼쪽). 프랑스
스트라스부르 대성당에 있는 천사들의
기둥을 아름답게 장식하는 천상의
연주자(위)가 최후의 심판의 날에
나팔을 불 준비를 하고 서 있다.

햇빛이 샤르트르 대성당의 남쪽 장미 창(위)을 비추자 그리스도의 재림에 관한 이야기가 나타난다. 스테인드 글라스로 장식된 창에서 쏟아지는 울긋불긋한 빛이 프랑스의 부르주 대성당(오른쪽)의 돌기둥을 적시자 마치 거룩하게 불타오르는 것 같다.

용어 해설

가고일(Gargoyle)　기괴한 인간 또는 동물의 형상을 띤 주둥이나 장식. 대개 지붕의 홈통에 돌출되어 달려 있음.

가터 기사(Knights of the Garter)　영국의 기사단. 시민 및 군인에게 돌아가는 영국 최고의 명예.

고성 추적(Hue and cry)　범죄를 저지른 것으로 의심되는 사람을 쫓기 위해 고함을 질러 다른 사람들과 함께 추적하는 행위.

고위 성직자(Prelate)　고위직에 있는 성직자를 말함. 특히 주교를 일컬음.

골리어드(Golliards)　12~13세기의 방랑 학생. 보통 음탕하고 불경스러운 시를 짓고 음유시인처럼 공연을 했음.

과녁 찌르기(Quintain)　막대기 위에 올려놓고 과녁으로 사용된 물체. 그러한 과녁을 사용하는 경기.

교황(Pope)　로마의 주교이자 카톨릭 교회의 수장.

교회법(Canon law)　기독교 교회에서 교회와 그 일원들의 신앙과 관행을 결정하는 법.

궁정연애(Courtly love)　순수하고 명예로운 정열과 가급적이면 육체적인 관계가 배제된 사랑을 나타내는 문학적 개념으로, 흔히 기사나 귀족이 같은 계층, 혹은 더 높은 계층의 숙녀에 대해 품었던 사랑.

그레이트 홀(Great hall)　성에서 낮 동안 주요활동이 이루어지던 방.

기사(Knights)　영주에게 충성을 맹세한 고용된 전사. 높은 도덕심과 군사의식, 엄격한 행동지침으로 전설이 되었으며 기사도(chivalry)라고 알려진 명예와 의무를 구현했음.

기사도(Chivalry)　수세기 동안 싸움터에서 또는 평상시에 기사들의 지침이 된 세부 윤리 행동 규범.

긴 활(Longbow)　길이 1.7~1.8m의 손으로 당기는 나무 활.

길드(Guild)　특정한 물건이나 서비스 직종의 거래를 조직하고 통제하며 규제하는 동업조합.

난롯가 아들(Hearth son)　결혼하지 않겠다는 약속하에 맏형의 집 식구가 된 남자 형제.

네이브(Nave)　교회당의 가운데 부분으로, 입구의 홀인 나르텍스에서 제단 주변 부위인 성단까지 이어지며 측면에는 통로가 있음.

노예(Slave)　아무런 법적 권리나 보호 없이 다른 사람의 재산으로 예속되었던 일꾼.

농노(Serf)　토지와 지역의 장원 영주에 귀속되었던 농부.

대관식(Coronation)　군주나 그 배우자에게 관을 씌워주는 행위나 예식.

대성당(Cathedral)　주교의 공식 교회. 주교좌가 있는 곳.

대수녀원장(Abbess)　수녀원 최고위직.

대수도원(Abbey)　대수도원장이 관할하는 수도원, 대수녀원장이 관할하는 수녀원.

대수도원장(Abbot)　수도원 최고위직.

대주교(Archbishop)　최고위직 주교. 대주교구나 교회관구의 수장.

도개교(Drawbridge)　성으로 들어갈 수 있는 해자 위에 설치된 유일한 다리. 적이 침입해올 경우 성에서 다리를 들어올렸기 때문에 이런 이름이 붙었음.

도제살이(Apprenticeship)　젊은이가 장인으로부터 숙련된 기술을 배우는 기간으로 전형적으로 4년에서 12년이 걸림.

돌출 총안(Machicolations)　성 흉벽에 난 구멍. 방어자들은 이곳을 통해 적에게 돌을 던지거나 뜨거운 기름을 부었음.

뒷발로 선 사자(Lion Rampant)　문장에서 뒷다리로 서 있는 사자. 귀족의 표시.

라마스(Lammas) 추수의 시작을 축하하는 잉글랜드의 축제.

루그나사드(Lugnasadh) 추수의 시작을 축하하는 켈트 족 축제.

리브(Reeve) 중세 마을 사람들이 그들 중에서 선출한 행정관. 마을 사람들을 대표할 뿐만 아니라 영주에 대한 행정 의무도 가지고 있었음.

리스트(List) 경기장 혹은 전투장의 울타리.

마상시합/토너먼트(Tournament) 원래는 여러 사람이 서로 창과 칼로 싸우던 모의전투. 나중에는 정교한 행동규칙에 따라 하는 다양한 종류의 소규모 시합으로 구성된 대회를 뜻하게 됨.

마상 창시합(Joust) 두 명의 말 탄 기사들이 창을 사용해 싸우는 시합. 흔히 마상시합인 토너먼트의 한 부분으로 포함되었음.

마스터피스(Masterpiece) 도제가 수련이 끝날 때 자신의 전문기술을 보여주고 길드의 일원으로 인정받을 만하다는 것을 증명하기 위해 만든 물건이나 작품.

만과(Vespers) 일곱 가지의 성무일과 중 여섯 번째 시간. 이때 올리는 예배.

만성절(All Saints' Day) 알려져 있거나 또는 알려지지 않은 모든 성인들을 기리는 기독교 성축일. 11월 1일.

면죄시(Neck verses) 범죄자가 자신이 성직자의 일원임을 증명하기 위해 인용한 라틴 어나 성경의 몇 구절. 이렇게 몇 구절을 인용함으로써 범죄자는 좀더 관대한 교회 재판소의 재판을 받을 수 있는 자격을 갖게 되었음.

무두장이(Tanner) 동물의 가죽을 부드럽게 만드는 사람.

문루(Gatehouse) 성의 출입구 위에 지은 요새화된 구조물.

문장(Coat of arms) 가문과 수훈을 표시하는 상징물을 나열해놓은 것으로 대개 방패 위에 그려졌음.

문장/문장술/문장학(Heraldry) 특정한 가문 등을 나타내는 표장. 문장을 고안하고 부여하며 그리는 기술이나 학문.

미사(Mass) 공적으로 거행되는 카톨릭 의식으로 라틴 어로 된 기도와 영성체가 포함됨.

미저리코드(Misericord) 의자 밑바닥에 부착된 위가 납작한 돌출 부위. 교회 예배시 의자가 접혀졌을 때 성가대원들이 기대고 설 수 있도록 해주었음.

밀랍서판(Wax tablet) 다시 사용할 수 있는 밀랍으로 된 필기판.

바이킹(Viking) 8~10세기에 바다로 항해하며 북유럽과 서유럽 해안을 노략질한 스칸디나비아 인을 일컫는 말.

바티칸(Vatican) 교황의 관저. 교황청 정부.

배심원(Jurors) 장원제도에서 어떠한 소송에 대해 증거를 수집하고 법규와 관습을 찾아보고 형벌이나 벌금을 정하는 마을 관리.

백년전쟁(Hundred Years' War) 14~15세기에 잉글랜드와 프랑스 간에 벌어진 일련의 전쟁.

버팀벽(Buttress) 건축에서 벽에 붙여 벽돌이나 돌로 지은 돌출 구조물. 벽을 받치거나 강화시키는 역할을 함.

베네딕투스 규율(Benedictine Rule) 누르시아의 성 베네딕투스가 6세기에 쓴 생활 안내서로 수도원과 수녀원 생활의 표본이 됨.

벨테인(Beltane) 풍요를 기원하는 켈트 족의 축제. 여름의 시작을 축하하며 5월 1일 열렸음.

볏(Moldboard) 쟁기의 구부러진 금속판으로 흙을 파올리고 뒤집고 으깨는 역할을 함.

볼트(Vault) 아치에서 발달된 반원형 천장이나 지붕을 이루는 곡면구조체. 궁륭이라고도 함.

봉건주의(Feudalism) 중세 유럽의 영주와 봉신 간의 관계를 지배한 체제. 영주는 봉신들에게 토지를 하사했고, 봉신들은 그 대가로 영주를 지지하고 충성을 바쳤음.

봉신(Vassal) 다른 사람을 따르겠다고 맹세한 사람. 흔히 영주로부터 하사받은 토지를 가지고 있었으며, 보호받는 대신 신하로서의 예의와 충성을 바쳤음.

부리 의사(Beak Doctor) 페스트가 나돌던 때 감염되는 것을 막기 위해 새의 가면을 쓰고 진료했던 의사.

부엌 정원(Herbarium) 수도원의 부엌에 딸린 정원.

부적(Amulet) 질병이나 악귀를 쫓아내기 위한 것으로 흔히 목 주위에 차고 다님.

브루팅(Bruting) 루비 같은 보석 두 개를 서로 비벼 둥근 형태로 매끄럽게 만드는 일.

비엘(Vielle) 피들같이 생긴 악기로 음유시인들이 부르는 노래에 맞추어 반주를 하는 데 사용됨.

사석포(Bombard) 초기의 대포. 돌과 기타 무기를 쏘는 데 사용.

사슬미늘(Chain mail) 금속 고리나 비늘 모양의 조각으로 만든 탄력 있는 갑옷.

사제(Priest) 성사를 집전할 수 있는 권한을 부여받은 성직자.

4학과(Quadrivium) 산수·기하학·천문학·음악으로 구성. 7학과에서 고등한 분야로 분류되는 과목.

살인구멍(Murder hole) 성의 천장에 뚫린 구멍으로, 성벽을 통과해 들어온 적군에게 이 구멍으로 돌을 던졌음.

삼하인(Samhain) 11월 1일 거행된 켈트 족의 축제로 그날에 계절이 나누어진다고 믿었음. 켈트 족은 그날을 영혼의 세계와 현세 사이의 문으로 보았고, 이때 이상하게 생긴 창조물과 귀신들이 땅을 배회하기도 한다고 믿었음.

3학과(Trivium) 7학과 중 문법·수사학·논리학으로 이루어진 기초 학과목.

서고트 족(Visigoths) 5세기에 로마를 침입해 약탈한 고트 족.

서틀티(Subtlety) 밀가루 반죽, 젤리, 설탕으로 영웅과 성인들의 형상을 본떠서 조각으로 만든 디저트.

선창자(Cantor) 찬송가를 부를 때 다른 회중들을 이끄는 사람. 시나고그에서 예배음악을 독창하는 사람.

성(Castle) 요새화된 건축물로 방어 및 주변 토지의 영주와 그의 가족들의 거주 목적으로 사용되었음.

성무일도(Divine Office) 매일 정해진 시간에 하나님을 찬미하는, 교회의 공적이고 공통적인 기도. 성직자·수도자의 의무로서, 8개의 정시과(定時課)로 이루어졌음.

성수(Holy water) 사제가 축성한 물.

성유골(Relics) 죽은 성인의 뼈로서, 치유 능력이 있거나 부를 가져다주고 영적인 축복을 내릴 수 있다고 믿었음.

성직 매매(Simony) 성직을 파는 행위.

성촉절(Candlemas) 동정녀 마리아의 정화를 기리는 기독교 축일. 2월 2일.

소수녀원장(Prioress) 대수녀원장 바로 아래 수녀의 직함.

쇠뇌(Crossbow) 활과 화살과 비슷한 생김새이나 훨씬 더 강력한 무기. 화살이나 기타 무기를 목표물에 조준시키기 위해 나무나 금속으로 된 판 위에 홈이 새겨져 있음.

수녀원(Convent) 수녀원장의 권위 아래 종교적 서약에 따라 모여 사는 수녀 공동체. 이러한 공동체가 거주한 건물.

수도관/수도교(Aqueduct) 물이 이동하는 관. 강이나 계곡 위에 다리 모양으로 설치된 수도관 구조물.

수도복(Habit) 종교단체의 옷.

수도원(Monastery) 종교적인 삶을 살겠다는 서약 아래 부분적으로 혹은 완전히 격리되어 사는 사람들, 특히 수사들의 공동체. 그러한 공동체의 거주지.

수련 수사(Novice) 수도회에 새로 들어온 사람으로 아직 서약을 하지 않은 사람.

수브 우르베(Sub urbe)　요새화된 거주지 성벽의 외곽에 형성된 상인들의 구역.

수사(Monk)　종교적인 수도회에 소속된 남자.

수조(Cistern)　물, 특히 빗물을 받아 모으는 통.

순례(Pilgrimage)　자신의 신앙심이나 회개를 나타내기 위해 사원이나 성지로 여행하는 일.

스크래치 쟁기(Scratchplow)　원시 형태의 쟁기.

습포제(Poultice)　부드럽고 습기 있는 물질로, 대개는 천 위에 펼쳐져 있으며, 열을 가해서 몸에 붙임으로써 붙인 부위를 따뜻하게 해주고 보습하거나 자극을 줌.

십자군 원정(Crusade)　유럽의 기독교인들이 1096년부터 예루살렘과 성지를 되찾기 위해 이슬람 교도들에 대항해 벌이기 시작한 성전의 일환으로 실시된 여러 차례의 원정.

아비뇽 유수(Avignonese captivity)　14세기 교황이 로마를 떠나 아비뇽에 자리를 잡았던 시기. 고대 유대 인이 바빌론에 강제 이주된 고사를 본떠 '교황의 바빌론 유수' 라고도 함.

아스트롤라베(Astrolabe)　태양을 비롯한 천체의 위치를 관측하기 위해 손으로 들고 사용하는 천체관측 도구.

암흑시대(Dark Ages)　유럽이 지적, 사회적, 교회 외적으로 쇠퇴한 시기로서 보통 476년부터 1000년까지를 이름. '중세 초기' 라고도 함.

양피지(Parchment)　원래는 양이나 염소의 가죽으로 만들어 그 위에 글을 쓴 재료를 말했음. 후에는 이와 비슷하게 만든 종이를 뜻하게 됨.

오블레이트(Oblate)　부모에 의해 수도원이나 수녀원에 바쳐진 어린 신참자.

올더먼(Alderman)　도시의 입법기구의 일원. 의회의원.

울타리 관리인(Hayward)　영주의 울타리나 담을 지키던 사람.

위령의 날(All Souls' Day)　연옥에 있는 모든 영혼들을 위해 기도하는 기독교 성축일. 11월 2일.

은사 노역(Boon work)　농번기에 농노가 매년 의무적으로 제공하던 추가 노동.

음유시인(Troubadour)　주로 궁정의 사랑에 관한 노래를 작곡하던 떠돌이 서정시인.

이단(Heresy)　기존에 확립된 종교의 가르침에 역행하는 의견이나 교리.

자유민(Freeman)　노예나 농노와는 달리 주인에게 소속되지 않거나 땅에 귀속되지 않았던 사람.

장미전쟁(War of the Roses)　1455에서 1485년 사이에 랭커스터 가문과 요크 가문이 잉글랜드 국왕 자리를 놓고 벌인 일련의 전쟁.

장원제도(Manorial system)　장원 영지를 농노들이 영주를 위해 경작하는 영주 직영지와 농노들이 사용하기 위해 경작한 나머지 땅 등 두 종류로 구분했던 사회구조.

전례(Liturgy)　기독교 행사에서 미리 정해져 있는 공공 예배 의식.

전투용 도끼(Pole-ax)　긴 자루에 도끼날 또는 도끼날과 곡괭이 같은 날을 박아 전투시 사용하는 도끼.

제단 / 제대(Altar)　종교의식이 행해지는 높은 단이나 탁자.

조과(Matins)　수사들의 일곱 가지 성무일도 중 첫 번째 것으로, 찬송가 3개, 시편송 3개, 낭독 3개로 구성됨.

종교재판(Inquisition)　카톨릭 교회가 이단을 저지른 사람들을 찾아내고 교정시키기 위해 세운 법정.

주간 노역(Week work)　농노가 지주에게 정기적으로 해주어야 하는 일.

주교(Bishop) 기독교 고위 성직자. 대개 주교구(diocese)를 맡음.

주교 총대리(Vicar-general) 주교구 행정에서 주교의 대리로 일하는 사제.

지참금(Dowry) 결혼할 때 신부가 신랑에게 가져오는 돈, 물건 또는 토지.

직물상(Draper) 천을 짜거나 파는 사람

직영지(Demesne) 장원의 영주가 직접 사용한 토지. 농노들이 경작했음.

집사(Steward) 다른 사람의 재산, 집안일, 재정 등의 일을 관리해주는 사람.

찬과(Lauds) 조과 뒤에 행해지는 미리 정해져 있는 기도.

참사회원(Canon) 대성당의 직원으로 일하는 사제.

참회복(Sackcloth) 참회하는 사람이 입은 거친 천 조각. 그런 천으로 만든 옷.

창(Lance) 나무로 된 긴 봉에 날카로운 금속이 끝에 달려 있는 찌르는 무기.

채식 글자(Illuminations) 사본에서 커다랗고 화려하게 장식된 첫 번째 글자들을 말함.

챕터하우스(Chapter house) 수도원에서 수사들이 매일 모여 회의하던 건물. 규율의 한 장(챕터)을 읽은 다음 회의를 시작했기 때문에 이런 이름이 붙여짐.

첨필(Stylus) 밀랍서관과 함께 사용된 나무로 된 필기도구.

추기경(Cardinal) 카톨릭 교회에서 교황 바로 아래 최고위직.

축융(Fulling) 열이나 압력을 가하고 마찰한 뒤에 털을 서로 엉키게 함으로써 조직을 조밀하게 만드는 모직물 가공의 한 공정.

7학과(Seven arts) 중세 고등교육에서 가장 중요하다고 여겼던 일곱 개 교과목으로 3학과(trivium)와 4학과(quadrivium)로 분류됨.

카롤링거 서체 / 카롤링거 미너스큘(Carolingian script, Caroline minuscule) 카롤루스의 개혁조치로 채택된 둥근 모양의 라틴 어 글자체. 근대 인쇄체의 기본이 되었음.

카울(Cowl) 수사의 옷에 달린 모자. 모자가 달린 옷.

캐럴(Carrels) 수도원의 도서관이나 독서실의 개인용 열람석으로 수사들이 책을 필사하던 곳.

코로넬(Coronels) 마상 창시합에서 상대편이 부상당하는 것을 막기 위해 창끝에 씌운 왕관같이 생긴 덮개.

콜터(Colter) 쟁기에 달린 날. 풀 베는 기능을 함.

클라미스(Chlamys) 어깨에 고정시키는 그리스 식 짧은 망토.

털 셔츠(Hair shirt) 동물의 털로 만든 거친 속옷으로 죄인들이 참회를 하는 뜻에서 입었음.

토가(Toga) 헐렁하고 우아하게 주름잡은 로마 시민 특유의 겉옷.

투석기(Catapult) 적군의 성벽을 향해 돌을 수평으로 던질 때 사용했던 무기.

튜닉(Tunic) 소매가 긴 헐거운 옷.

트랜셉트(Transept) 수랑(袖廊), 익랑(翼廊)이라고도 함. 십자형 교회당에서 중심축선과 수직으로 만나는 부분.

틸트(Tilt) 마상 창시합에서 전투 참가자들을 갈라놓는 나무로 된 울타리나 장애물.

페스트(Black Death) 중세 유럽을 휩쓸었던 선페스트를 일컫는 말.

포대기(Swaddling clothes) 유아의 동작을 제한하기 위해 몸을 싼 천.

포위공격 / 공성전(Siege warfare) 군대가 도시나 성을 둘러싸고 봉쇄한 채 오랫동안 계속되는 군사행동.

프랑크(Frank) 6세기에 강력해진 라인 강 지역의 여러 게르만 부족 연합체 일원.

플로린(Florin) 1252년 이탈리아 피렌체에서 처음 주조된 금화.

피에파우더(Piepowder) 유럽 전역을 돌아다니며 물건이 많은 곳에서 값싸게 구입해서 그 물건이 귀한 먼 곳에서 팔던 장거리 상인 또는 행상. '먼지투성이 발'이라는 뜻의 프랑스 어에서 유래.

필경실 / 스크립토리움(Scriptorium) 수도원에서 수사들이 사본을 베껴 쓰던 방. 전문 필경사들이 책을 만들어내고 팔던 작업장을 지칭하기도 함.

한자동맹(Hanseatic League) 공동으로 교역로를 보호하고 해외에서 상업적 동맹을 맺고 경제적 지위를 높였던 중세 독일 북부 도시들의 동맹.

해자(Moat) 성 주변에 파놓은 깊고 폭이 넓은 도랑으로서, 물이 채워진 것도 있었음. 공격자에 대한 방어물로 만들어졌음.

혈족관계도(Consanguinity chart) 같은 선조로부터 이어지는 혈족 관계를 그린 표. 합당한 결혼 성사를 위해 사용되었음.

호버크(Hauberk) 기사들이 튜닉처럼 입은 촘촘하게 엮은 사슬미늘로 된 옷.

홀무트(Hallmoot) '장원 재판소'라고도 함. 교회법이나 왕실 재판소에서 다루어지는 살인 같은 범죄 이외의 것과 관련된 모든 소송을 처리하던 법기구.

화살구멍(Arrow slits) 성의 흉벽에 뚫은 구멍으로 이곳을 통해 궁수들이 적에게 화살을 쏠 수 있었음.

후진(Apse) 건물에서 밖으로 반원형으로 튀어나온 구조를 나타내는 건축용어. 대개 돔 형태를 띰.

흉벽(Parapet) 성벽이나 지붕의 가장자리를 따라 있는 보호벽.

옮긴이_김옥진 한국외국어대학교 통역번역대학원 한영과를 졸업하고 현재 전문 번역가로 활동하고 있다.

What Life Was Like 기사도의 시대

초판 1쇄 펴낸 날 _ 2004. 7. 31

지은이 _ 타임라이프 북스
옮긴이 _ 김옥진
펴낸이 _ 이광식
편   집 _ 한미경 · 오경화 · 김지연   영   업 _ 윤영민 · 문은정
펴낸곳 _ 도서출판 가람기획   등   록 _ 제13-241(1990. 3. 24)
주   소 _ (우 121-130)서울시 마포구 구수동 68-8 진영빌딩 4층
전   화 _ (02)3275-2915~7   팩   스 _ (02)3275-2918
전자우편 _ garam815@chollian.net   홈페이지 _ www.garambooks.co.kr

ISBN 89 - 8435 - 178 - 4 (04900)
         89 - 8435 - 172 - 5 (set)
ⓒ 가람기획, 2004

＊값은 뒤표지에 있습니다.
＊잘못된 책은 구입한 서점에서 바꿔드립니다.

＊서점에서 책을 살 수 없는 독자들을 위해 우편판매를 하고 있습니다.
수   협 093-62-112061(예금주:이광식)
농   협 374-02-045616(예금주:이광식)
국민은행 822-21-0090-623(예금주:이광식)